ESTUDIO BÍBLICO CATÓLICO DE LIBROS LIGUORI

I0141377

Libros Proféticos II

OSEAS, JOEL, AMÓS, ABDÍAS, JONÁS, MIQUEAS, NAHÚM, HABACUC, SOFONÍAS, AGEO, ZACARÍAS Y MALAQUÍAS

P. WILLIAM A. ANDERSON, DMIN, PHD, Y P. RAFAEL M. RAMÍREZ, SSD

LIBROS LIGUORI

Imprimi Potest:
Stephen T. Rehrauer, CSsR, Provincial
Provincia de Denver, los Redentoristas

Impreso con Permiso Eclesiástico y aprobado para uso educativo privado.

Imprimatur: "Conforme al C. 827, Monseñor Mark S. Rivituso, obispo electo de St. Louis, concedió el Imprimátur para la publicación de este libro el 20 de marzo de 2017. El Imprimátur es un permiso para la publicación que indica que la obra no contiene contradicciones con las enseñanzas de la Iglesia Católica, sin embargo no implica aprobación de las opiniones que se expresan en la obra. Con este permiso no se asume ninguna responsabilidad".

Publicado por Libros Liguori, Liguori, Missouri 63057
Pedidos al 800-325-9521 o visite liguori.org

Library of Congress Cataloging-in-Publication Data to come

p ISBN 978-0-7648-2611-5
e ISBN 978-0-7648-7044-6

Los textos de la Escritura que aparecen en este libro han sido tomados de la *Biblia de Jerusalén* versión latinoamericana © 2007, Editorial Desclée de Brower. Usada con permiso. Todos los derechos reservados.

Libros Liguori, una organización sin fines de lucro, es un apostolado de los Padres y Hermanos Redentoristas. Para más información, visite Redemptorists.com

Impreso en los Estados Unidos de América
21 20 19 18 17 / 5 4 3 2 1
Primera edición

Diseño de la portada: Lorena Mitre Jimenez
Imágen de la portada: Jonah and the Whale, Pieter Lastman (1583-1633 Dutch) SuperStock

Índice

Dedicatoria

La serie de libros que componen la colección del *Estudio Bíblico de Libros Liguori* está dedicada entrañablemente a la memoria de mis padres, Kathleen y Angor Anderson, en agradecimiento por todo lo que compartieron con quienes los conocieron, especialmente con mis hermanos y conmigo.

WILLIAM A. ANDERSON

Dedico esta obrita al recuerdo de mis padres, Rafael y Carmen, quienes, los primeros, instilaron en mí el amor por la Palabra de Dios y me animaron siempre a seguir su voluntad.

RAFAEL M. RAMÍREZ

Reconocimientos

Los estudios bíblicos y las reflexiones que contiene este libro son fruto de la ayuda de muchos que leyeron el primer borrador e hicieron sugerencias. Estoy especialmente en deuda con la Hermana Anne Francis Bartus, CSJ, D Min, cuya vasta experiencia y conocimiento fueron muy útiles para llevar, esta colección a su forma final.

WILLIAM A. ANDERSON

Agradezco también a mis estudiantes de la Escuela Bíblica Católica de la Universidad de Dallas, quienes con su interés, preguntas y entusiasmo en el estudio de la Escritura y el servicio de la comunidad me han animado a llevarla a término. En particular, agradezco a Elena Morales Ayuso y Eduardo López Gil su ayuda en la lectura y revisión del manuscrito.

RAFAEL M. RAMÍREZ

Introducción al
Estudio Bíblico de Libros Liguori

LEER LA BIBLIA puede intimidar a algunos. Es un libro complejo y muchas personas de buena voluntad que han tratado de leerla, terminaron dejándola desalentados. Por ello, ayuda tener un compañero de viaje y el *Estudio bíblico de Libros Liguori* es uno confiable. En los diversos libros de esta colección, vas a aprender sobre el contenido de la Biblia, sobre sus temas, personajes y acontecimientos, y aprenderás también cómo los libros de la Biblia surgieron por la necesidad de responder ante nuevas situaciones.

A lo largo de los siglos, los creyentes se han preguntado: ¿dónde está Dios en este momento? Millones de católicos se vuelven a la Biblia en busca de aliento. La prudencia nos aconseja no emprender un estudio de la Biblia por nosotros mismos, separados de la Iglesia que recibió la Escritura para compartirla y custodiarla. Cuando se utiliza como fuente para la oración y atenta reflexión, la Biblia cobra vida. Tu decisión de adoptar un programa para el estudio de la Biblia debe estar dictada por lo que esperas encontrar en él. Uno de los objetivos del *Estudio bíblico de Libros Liguori* es dar a los lectores una mayor familiaridad con la estructura de la Biblia, con sus temas, personajes y mensaje. Pero eso no es suficiente. Este programa también te enseñará a usar la Escritura en tu oración. El mensaje de Dios es tan importante y tan urgente en nuestros días como lo fue entonces, pero solo nos beneficiaremos de él si lo memorizamos y conservamos en nuestras mentes. Está dirigido a toda la persona en sus esferas física, emocional y espiritual.

Nuestro bautismo nos introduce a la vida en Cristo y estamos hoy llamados a vivir más unidos a Cristo en la medida en que practicamos los valores de la justicia, la paz, el perdón y la vida en comunidad. La nueva alianza de Dios fue escrita en los corazones del pueblo de Israel; nosotros, sus descendientes espirituales, somos amados por Dios de una forma igualmente íntima. El *Estudio bíblico de Libros Liguori* te acercará más a Dios, a cuya imagen y semejanza fuiste creado.

Estudio en grupo e individual

La colección de libros del *Estudio bíblico de Libros Liguori* está orientada al estudio y la oración en grupo o de forma individual. Esta colección te da las herramientas necesarias para comenzar un grupo de estudio. Reunir a dos o tres personas en una casa o avisar de la reunión del grupo de estudio de la Biblia en una parroquia o comunidad puede dar resultados sorprendentes. Cada lección del Estudio bíblico contiene una sección para ayudar a los grupos a estudiar, reflexionar y orar, y compartir con otros sus reflexiones Biblia. Cada lección contiene también una segunda sección para el estudio individual.

Mucha gente que quiere aprender más sobre la Biblia no sabe por dónde empezar. Esta colección les da un punto de partida y les ayuda a seguir adelante hasta que se familiaricen con todos sus libros.

El estudio de la Biblia puede ser un proyecto tan largo como la vida misma, que enriquece siempre a todos los que quieren ser fieles a la Palabra de Dios. Cuando la gente completa un estudio de toda la Biblia, puede comenzar de nuevo, haciendo nuevos descubrimientos cada vez que se adentra en la Palabra de Dios.

Lectio divina
(Lectura sagrada)

EL ESTUDIO BÍBLICO no consiste únicamente en adquirir conocimientos intelectuales sobre la Biblia; también tiene que ver con adquirir una mayor comprensión del amor de Dios y una mayor preocupación por la creación. El fin de leer y conocer la Biblia es fortalecer nuestra relación con Dios. Dios nos ama y nos dio la Biblia para enseñarnos ese amor. En su discurso de 12 de abril de 2013 ante la Pontificia Comisión Bíblica, el Papa Francisco subrayó que "la vida y misión de la Iglesia se fundan en la Palabra de Dios que es el alma de la teología y al mismo tiempo inspira toda la vida cristiana".

El significado de *Lectio divina*

Lectio divina es una expresión latina que significa "lectura sagrada o divina". El proceso para la *Lectio divina* consiste en leer la Escritura, reflexionar y orar. Muchos clérigos, religiosos y laicos usan la *Lectio divina* en su lectura espiritual todos los días para desarrollar una relación más cercana y amorosa con Dios. Aprender sobre la Sagrada Escritura tiene como finalidad llevar a la vida personal su mensaje, lo cual requiere un periodo de reflexión sobre la misma.

Oración y *Lectio divina*

La oración es un elemento necesario para la práctica de la *Lectio divina*. Todo el proceso de lectura y reflexión en el fondo es una oración, no un esfuerzo puramente intelectual; es también un esfuerzo espiritual. En la página 14 se ofrece una oración inicial para reunir los propios pensamientos antes de abordar los diversos pasajes de cada sección. Esta oración se puede decir en privado o en grupo. Para los que usan el libro en su lectura espiritual de todos los días, la oración para cada apartado puede repetirse todos los días. También puede ser de utilidad llevar un diario de las meditaciones de cada día.

Ponderar la Palabra de Dios

La *Lectio divina* es la antigua práctica espiritual de los cristianos de leer la Sagrada Escritura con una intencionalidad y con devoción. Esta práctica les ayuda a centrarse y a bajar a su corazón para entrar en un espacio íntimo y silencioso donde puedan encontrar a Dios.

Esta lectura sagrada es distinta de la lectura para adquirir conocimientos o información, y es más que la práctica piadosa de la lectura espiritual. Es la práctica de abrirnos a la acción e inspiración del Espíritu Santo. Mientras nos concentramos de forma consciente y nos hacemos presentes al significado íntimo del pasaje de la Escritura, el Espíritu Santo ilumina nuestras mentes y corazones. Llegamos al texto queriendo ser transformados por un significado más profundo que se encuentra en las palabras y pensamientos que estamos ponderando.

En este espacio nos abrimos a los retos y a la posibilidad de ser cambiados por el significado íntimo de la Escritura. Nos acercamos al texto con espíritu de fe y con obediencia, como un discípulo deseoso de ser instruido por el Espíritu Santo. A medida que saboreamos el texto sagrado, abandonamos la actitud controladora de quien quiere decir a Dios cómo actuar en nuestras vidas y rendimos nuestro corazón y nuestra conciencia a la acción de lo divino (divina) a través de la lectura (Lectio).

El principio fundamental de la *Lectio divina* nos lleva a entender mejor el profundo misterio de la Encarnación. "La Palabra se hizo carne", no solo en la historia, sino también en nosotros mismos.

Rezar la Lectio en nuestros días

Relaja tu cuerpo y mantén una postura de oración: sentado con la espalda recta, ojos cerrados, ambos pies en el piso. Ahora sigue estos cuatro sencillos pasos:

1. Lee un pasaje de la Escritura o las lecturas de la Misa del día. Esta parte se llama Lectio (si la Palabra de Dios se lee en voz alta, quienes escuchan deben hacerlo atentamente).

2. Ora usando el pasaje de la Escritura elegido mientras buscas un mensaje específico para ti. Una vez más, la lectura se escucha y se lee en silencio para ser reflexionada o meditada. Esto se conoce como meditatio.

3. El ejercicio ahora se vuelve activo. Toma una palabra, frase o idea que aflore al estar considerando el texto elegido. ¿Esa lectura te recuerda a alguna persona, lugar o experiencia? Si es así, haz oración pensando en ello. Concentra tus pensamientos y reflexiones en una sola palabra o frase. Este "pensamiento-oración" te ayudará a evitar las distracciones durante la *Lectio*. Este ejercicio se llama *oratio*.

4. En silencio, con tus ojos cerrados, tranquilízate y hazte consciente de tu respiración. Deja que tus pensamientos, sentimientos y preocupaciones se desvanezcan mientras consideras el pasaje seleccionado en el paso anterior (la *oratio*). Si estás distraído, usa tu "pensamiento-oración" para volver al silencio y quietud. Esta es la *contemplatio*.

Puedes dedicar a este ejercicio tanto tiempo como desees, pero en el contexto de este Estudio bíblico, de 10 a 20 minutos deberían ser suficientes.

Muchos maestros de oración llaman a la contemplación "orar descansado en Dios" y la ven como el preámbulo del perderse a sí mismo en la presencia de Dios. La Escritura se convierte en nuestra oyente mientras oramos y permitimos a nuestros corazones unirse íntimamente con el Señor. La Palabra realmente se hace carne, pero en esta ocasión se manifiesta en nuestra propia carne.

Cómo utilizar
el Estudio Bíblico

Los comentarios y reflexiones que aparecen en este estudio, ayudarán a los participantes a familiarizarse con los textos de la Escritura y los llevarán a reflexionar con mayor profundidad en el mensaje de los mismos. Al final de este estudio contarán con un sólido conocimiento de los libros escritos por los así llamados profetas menores. Quienes estudian este volumen se darán cuenta de cómo estos libros les ofrecen un alimento espiritual. El estudio no es solo una aventura intelectual, sino también espiritual. Las reflexiones guían a los participantes en su propio caminar por las Escrituras.

UN MÉTODO PARA LA *LECTIO DIVINA*

Libros Liguori ha diseñado este estudio para que sea facil de usar y aprovechar. De cualquier forma, las dinámicas de grupo y los líderes pueden variar. No tratamos de controlar la labor del Espíritu Santo en ustedes, por eso les sugerimos que decidan de antemano qué metodología funciona mejor para su grupo. Si están limitados de tiempo, pueden hacer el estudio en grupo y hacer la oración y la reflexión después, individualmente.

De cualquier forma, si tu grupo desea profundizar en la Sagrada Escritura y celebrarla a través de la oración y el estudio, les recomendamos dedicar alrededor de noventa minutos cada semana para reunirse, de forma que

Nota: Los textos de la Escritura de este libro y de todo el Estudio Bíblico están tomados de la *Biblia de Jerusalén*, versión latinoamericana © 2007, Editorial Desclée de Brower. Usada con permiso.

puedan estudiar y orar con la Escritura. La *Lectio divina* (ver la página 8) es una antigua forma de oración contemplativa que lleva a los lectores a encontrarse con el Señor usando el corazón y no solo la cabeza. Recomendamos vivamente usar este tipo de oración, tanto en el estudio individual como en el de grupo.

METODOLOGÍAS PARA EL ESTUDIO EN GRUPO

1. Estudio bíblico con *Lectio divina*

Alrededor de 90 minutos.

- ✠ Reunirse y hacer la oración introductoria (3-5 minutos).
- ✠ Leer el pasaje de la Escritura en voz alta (5 minutos).
- ✠ Lectura en silencio del comentario y preparación para discutirlo en grupo (3-5 minutos).
- ✠ Discutir el pasaje de la Escritura junto con el comentario y la reflexión (30 minutos).
- ✠ Leer el pasaje de la Escritura en voz alta por segunda vez, seguido de un momento de silencio para la meditación y contemplación personal (5 minutos).
- ✠ Dedicar un poco de tiempo a orar usando el pasaje elegido. Los miembros del grupo leerán lentamente el pasaje de la Escritura por tercera vez, atentos a la voz de Dios mientras lo hacen (10-20 minutos).
- ✠ Compartir con los demás las propias luces (10-15 minutos).
- ✠ Oración final (3-5 minutos).

2. Estudio bíblico

Alrededor de una hora.

- ✠ Reunirse y hacer la oración introductoria (3-5 minutos).
- ✠ Leer el pasaje de la Escritura en voz alta (5 minutos).
- ✠ Lectura en silencio del comentario y preparación para discutirlo en grupo (3-5 minutos).
- ✠ Discutir el pasaje de la Escritura junto con el comentario y la reflexión (40 minutos).
- ✠ Oración final (3-5 minutos).

Notas para el líder

✠ Lleva una copia de la *Biblia de Jerusalén* versión latinoamericana © 2007, Editorial Desclée de Brower u otra que te ayude.

✠ Haz un programa con las lecciones que verán cada semana.

✠ Prelee el material antes de cada clase.

✠ Establece algunas normas escritas básicas (por ejemplo: las clases duran solo noventa minutos; no se puede acaparar el diálogo discutiendo o polemizando, etc.).

✠ Ten las clases en un lugar apropiado y acogedor (algún salón de la parroquia, una sala de reuniones o una casa).

✠ Usen gafetes con los nombres de los participantes y, en la primera clase, organiza alguna actividad para romper el hielo; pide a los participantes que se presenten al grupo.

✠ Pon separadores en los pasajes de la Escritura que van a leer durante la sesión.

✠ Decide cómo quieres que se lea la Escritura en voz alta durante las clases (con uno o con varios lectores).

✠ Usa un reloj de pared o de pulso.

✠ Ten algunas Biblias extra o fotocopias de los pasajes de la Escritura para aquellos participantes que no lleven Biblia.

✠ Pide a los participantes que lean "Introducción a los Libros Proféticos II" (páginas 16-24) antes de la primera sesión. Pide a los participantes que lean la introducción correspondiente antes de cada sesión.

✠ Di a los participantes qué pasajes van a estudiar y motívalos a leerlos antes de la clase; también invítalos a leer el comentario.

✠ Si optas por utilizar la metodología con *Lectio divina*, familiarízate tú primero con esta forma de orar.

Notas para los participantes

✠ Lleva tu propia copia de la *Biblia de Jerusalén*, versión latinoamericana © 2007, Editorial Desclée de Brower u otra que te ayude.

✠ Lee la introducción correspondiente antes de cada sesión.

✠ Lee los pasajes de la Escritura y el comentario antes de cada sesión.

✠ Prepárate para compartir tus reflexiones con los demás y para escuchar las opiniones de los demás con respeto (no es un momento para discutir o hacer un debate sobre determinados aspectos de la fe).

Oración inicial

Líder: Dios mío, ven en mi auxilio,

Respuesta: Señor, date prisa en socorrerme.

Líder: Gloria al Padre y al Hijo y al Espíritu Santo,

Respuesta: como era en el principio ahora y siempre por los siglos de los siglos. Amén.

Líder: Cristo es la vid y nosotros los sarmientos. Como sarmientos unidos a Jesús, la vid, estamos llamados a reconocer que las Escrituras siempre se han cumplido en nuestras vidas. Es la Palabra viva de Dios que vive en nosotros. Ven Espíritu Santo, llena los corazones de tus fieles y enciende en nosotros el fuego de tu divina sabiduría, conocimiento y amor.

Respuesta: Abre nuestras mentes y corazones mientras aprendemos sobre el gran amor que nos tienes y que nos muestras en la Biblia.

Lector: (Abre tu Biblia en el texto de la Escritura asignado y léelo con calma y atención. Haz una pausa de un minuto, buscando aquella palabra, frase o imagen que podrías usar durante la *Lectio divina*).

Oración final

Líder:　　Oremos como Jesús nos enseñó.

Respuesta: Padre nuestro...

Líder:　　Señor, ilumínanos con tu Espíritu mientras estudiamos tu Palabra en la Biblia. Quédate con nosotros este día y todos los días, mientras nos esforzamos por conocerte y servirte, y por amar como Tú amas. Creemos que a través de tu bondad y amor, el Espíritu del Señor está verdaderamente sobre nosotros. Permite que las palabras de la Biblia, tu Palabra, tomen posesión de nosotros y nos animen a vivir como Tú vives y a amar como Tú amas.

Respuesta: Amén.

Líder:　　Que el auxilio divino permanezca siempre con nosotros.

Respuesta: En el nombre del Padre y del Hijo y del Espíritu Santo. Amén.

Libros Proféticos II

Oseas, Joel, Amós, Abdías, Jonás, Miqueas, Nahúm, Habacuc, Sofonías, Ageo, Zacarías y Malaquías

Leer esta presentación antes de la primera lección.

La Biblia hebrea agrupa bajo el título de "profetas posteriores" los libros de Isaías, Jeremías, Ezequiel y a los doce profetas llamados "menores". La división católica de la Biblia, en cambio, siguiendo a la Vulgata (traducción latina) y a la traducción griega (llamada "de los Setenta"), incluye entre los profetas mayores también a Daniel, Lamentaciones y Baruc, que en la Biblia Hebrea están colocados en la tercera sección, llamada "Escritos". Algunas versiones católicas siguen el orden hebreo de los textos, sin que esto suponga una menor ortodoxia (por ejemplo, La Biblia de Nuestro Pueblo, que coloca a los profetas menores inmediatamente después de Ezequiel).

La tradición cristiana divide los libros proféticos en dos grupos: los profetas mayores (Isaías, Jeremías, Ezequiel) y los profetas menores (Amós, Oseas, Miqueas, Sofonías, Nahúm, Habacuc, Ageo, Zacarías, Malaquías, Abdías, Joel y Jonás). Está distinción se refiere a la longitud de los escritos y no a su importancia teológica.

Aunque la segunda sección agrupa doce libritos de autores distintos, existen elementos provenientes de la tradición, redescubiertos por los estudiosos modernos, que nos llevan a pensar que fueron editados y colocados para ser leídos como una obra unitaria. Por esta razón se le suele dar el título de "libro de los doce" a todo el conjunto.

Marco histórico

En el libro de los doce figura el escrito profético más antiguo (Amós, 760-745 a.C.) y el más reciente de todo el Antiguo Testamento cristiano (Malaquías, siglos V-IV a.C.). Estos libros cubren el período más borrascoso de la historia de Israel: la paulatina decadencia y caída de la monarquía, el exilio y la vuelta a la Tierra Prometida.

Es importante comprender el marco histórico de estos libros porque los profetas hablaban en nombre de Dios para dar respuestas a los problemas y desafíos de su tiempo. Veamos cuáles eran estos en grandes líneas.

En el período conocido en arqueología como "bronce medio" (2000-1500 a.C.) los grandes imperios localizados en el Medio Oriente entran en una fase de decadencia permitiendo el movimiento de pueblos, entre ellos la salida de Israel de Egipto y su asentamiento en la tierra de Canaán.

Durante el "bronce tardío" (1500-1200 a.C.) Egipto, la potencia dominante de la región, estuvo enfrascada en luchas por el trono. Como consecuencia, su autoridad y control sobre Canaán quedaron sumamente debilitados, permitiendo que los israelitas lograran establecerse en la Sierra Central y en la Transjordania de lo que era supuestamente territorio egipcio. Es durante este período que se ubican los relatos del libro de Josué.

Al inicio de la "edad de hierro" (1200-1000 a.C.) Egipto se vio asolado por los «Pueblos del Mar», quienes trataron de conquistar el Delta del Nilo. Entre estos pueblos estaban los filisteos. Al mismo tiempo que los israelitas entraban en Canaán por el este, los filisteos lo hacían por el oeste. Las pugnas entre ambos pueblos duraron siglos. Este es el período que enmarca las historias de los Jueces, Samuel y Saúl.

A principios del último milenio antes de Jesucristo, la situación en el Cercano Oriente había cambiado radicalmente; los grandes imperios de la antigüedad eran cosa del pasado. Así las cosas, los pueblos menores del suroeste del Creciente Fértil no tenían que preocuparse por las potencias internacionales sino solamente por sus vecinos inmediatos. Fue entonces cuando David y Salomón pudieron crear un pequeño pero poderoso imperio (1000-921 a.C.).

A la muerte de Salomón el reino se dividió en dos, cada uno con su propio rey: Israel, con capital en Samaría (921-721 a.C.) y Judá con capital en Jerusalén (921-586 a.C.). Durante este período Egipto continuó ocupado en sus luchas internas y Asiria, la potencia del momento, vivió altibajos dependiendo de las capacidades de sus monarcas. Hasta mediados del siglo VIII a.C. la situación de prosperidad permitida por el vacío de poder creado en la región, continuó favoreciendo a los pequeños estados, sobre todo al Reino del Norte. En 745 a.C. subió al trono asirio Tiglat-Pileser III (745-727 a.C.), quien restauró el poder real y acometió una serie de campañas de expansión en la zona. En este ambiente entran en escena los primeros profetas escritores.

La guerra siro-efraimita (735-734 a.C.): Siria (capital Aram, de ahí arameo) y el reino de Israel (llamado Efraín por el nombre de su tribu principal), temiendo la invasión asiria, formaron una liga para defenderse. Los reyes de Siria e Israel invitaron a Ajaz, rey de Judá, a unirse a la liga, pero este se rehusó. Los reyes aliados le hicieron la guerra a Judá con la intención de derrocar a Ajaz y poner a un rey más favorable a su causa. Ajaz entonces, pidió ayuda a Asiria, quien se la dio a cambio de hacer de él un vasallo y pagar pesados tributos.

En el 721 a.C. Asiria destruye Samaría y deporta buena parte de la población a diversos lugares del imperio. A partir de este momento se pierden de vista las 10 tribus que formaban el Reino del Norte.

El reino del Sur prolonga su existencia hasta que en 586 a.C. Babilonia, que ha sucedido a Asiria como potencia mundial, asedia y destruye Jerusalén y lleva al exilio a sus dirigentes. El largo asedio a las ciudades de Judá y de Jerusalén, su destrucción y sobre todo la destrucción del Templo, supusieron una horrible y aterradora experiencia para aquellos que consiguieron sobrevivir.

En 539 a.C. Ciro, rey de Persia, conquista Babilonia y permite el regreso de los exiliados. Algunos de ellos vuelven a Jerusalén para tratar de reconstruir el Templo y la ciudad, pero no volverán a ser un reino libre, estarán siempre bajo el poder, primero de los persas, y de los griegos, después.

Para comprender mejor el mensaje de los libros proféticos es necesario advertir que la situación histórica descrita anteriormente provocó un doble grave peligro para Israel y Judá. En primer lugar, la prosperidad material trajo también desigualdad e injusticia social. Esto atacaba directamente la identidad de Israel como pueblo de YHWH, que tenía como base la ley del amor a Dios y al prójimo. "YHWH" se usa a lo largo de este libro como un nombre para Dios.

En segundo lugar, la aparición en el horizonte del peligro asirio cuestionó la existencia misma de Israel como nación y de las promesas hechas a Abraham de tierra, descendencia y bendiciones.

Durante el exilio, el pueblo abatido corrió el peligro de caer en la desesperación, por un lado, y de ceder a la tentación de dejarse llevar por las ideas del imperio dominante, por otro. Cuando regresaron, tuvieron que enfrentar otros peligros, como su desaliento ante las dificultades de la reconstrucción y la falta de liderazgo.

Los profetas fueron enviados precisamente en estos momentos en los que era necesario recordar a Israel sus orígenes y su vocación, y llamarlo a la fidelidad y confianza en su Dios, santo y omnipotente.

El orden de los libros

La Biblia hebrea, seguida por la Vulgata, coloca estos libros en el orden cronológico que la tradición les atribuía. La colocación es algo distinta en la Biblia griega, que además los pone antes de los Profetas Mayores. En esta presentación seguiremos la disposición tradicional de la Vulgata (y del hebreo) aunque los estudiosos piensan que el orden histórico más probable es el siguiente:

- ✠ Profetas antes del exilio: Amós, Oseas, Miqueas, Sofonías, Nahúm, Habacuc.
- ✠ Profetas durante el exilio: Abdías.
- ✠ Profetas después del exilio: Ageo, Zacarías, Malaquías, Joel, Jonás.

Los profetas

La primera cosa que descubrimos sobre los profetas es que no nos dicen prácticamente nada sobre ellos mismos. Lo que sabemos es la información que encontramos o que podemos deducir del texto. Curiosos, nos quedamos con ganas de saber más sobre estos personajes tan importantes. Esta marginalidad de los autores respecto del texto nos permite comprender que para los profetas el mensaje lo es todo, el mensajero importa poco. En este trabajo haremos una presentación del autor de cada libro basada en los datos que podemos obtener o deducir de la obra.

El texto

Los libros proféticos consisten sobre todo en discursos (oráculos, es decir, comunicaciones orales) puestos por escrito algún tiempo después —a veces décadas— de haber sido pronunciados. Hay muy pocas evidencias de que los profetas mismos hayan escrito algo (ve por ejemplo Jr 29:4-28; 36:1-32). Sin embargo, estos libros no son solamente toscas colecciones de discursos sueltos, sino obras literarias cuidadosamente elaboradas. En cada una de ellas, junto a la voz del profeta, oímos también otra voz, la de aquel que puso sus discursos en un cierto orden y contexto, para una audiencia que bien pudo haber sido distinta de la del profeta. Con frecuencia las narraciones o los oráculos han sido ordenados de acuerdo con un tema y no con la cronología.

Como se trata de textos pronunciados en diferentes momentos y quizá también para diferentes auditorios, con frecuencia encontramos cambios inesperados en la persona que habla (de la primera a la tercera persona o al contrario) o a quien se habla (del singular al plural); también el tema puede cambiar abruptamente.

Muchos de los textos proféticos están escritos en poesía o en lo que podríamos llamar prosa poética; abundan elementos retóricos y literarios de gran expresividad como metáforas, comparaciones, paralelismos, rimas, parábolas, el uso de un vocabulario poco corriente, etc.

Todos estos elementos hacen que el texto de los libros proféticos se presente a menudo difícil, si no imposible, de traducir e interpretar en todo su detalle y con toda su riqueza, aunque siempre podamos comprender su mensaje central.

Libro de Oseas (I)

OSEAS 1–3

Yo te desposaré conmigo para siempre; te desposaré conmigo en justicia y en derecho, en amor y en compasión, te desposaré conmigo en fidelidad, y tú conocerás a Yahvé (Os 2:21-22).

Oración inicial (ver página 14)

Contexto

Oseas 1—3. Oseas comienza su ministerio profético en el Reino del Norte durante los últimos años del reinado de Jeroboam II (783-743 a.C.). Israel gozaba de un período de prosperidad económica, mientras Asiria ganaba poder de día en día, tratando de conquistar otros pueblos, entre ellos Israel. A la muerte de Jeroboam comenzó un período de inestabilidad y decadencia durante el cual varios de los reyes que se sucedieron en el trono murieron asesinados. Aunque parece que el profeta previó la invasión asiria al final de su vida, es probable que muriera antes de la misma en el 722 o 721 a.C.

El Señor ordena a Oseas que se case con una prostituta y tenga hijos con ella. La prostituta y los hijos representan a Israel que ha traicionado a YHWH. Los hijos reciben nombres que simbolizan el rechazo de Dios. Aunque Gómer (Israel) se ha prostituido adorando a falsos dioses, Dios la atraerá de nuevo hacia él y al final YHWH los proclamará de nuevo pueblo de Dios.

ESTUDIO EN GRUPO (OSEAS 1—3)

Lea en voz alta Oseas 1:1—3:5.

Oseas 1 Matrimonio con Gómer

El libro comienza con una introducción presentando al autor del mensaje que será referido a continuación. Se trata de una "sobre-inscripción" típica de varios libros proféticos (por ejemplo, Is 1:1; Jr 1:1-3; Am 1:1; Miq 1:1; Sof 1:1). Nos informa del nombre del padre de Oseas y sitúa el ministerio de este a mediados del siglo VIII a.C. Siguiendo la lista de reyes mencionados, Oseas profetizó durante los reinados de cuatro reyes de Judea (Ozías, 783-742 a.C.; Jotam, 742-735 a.C.; Ajaz, 735-715 a.C. y Ezequías, 715-687 a.C.) y uno de Israel (Jeroboam II, 786-746 a.C.). Se piensa que el ministerio de Oseas comenzó a finales del reino de Jeroboam II.

Aunque Oseas ejerció su ministerio en el Reino del Norte, el texto menciona solo a uno de sus reyes. Esta parece ser un una indicación de que la edición final del libro fue hecha en Judea, a donde habría sido llevado a la caída de Samaría en el 721 a.C. Aunque dirigida inicialmente al Reino del Norte, Judá vio en la profecía un mensaje válido para todo el pueblo de YHWH.

El resto del capítulo 1 nos narra la extraña orden dada por Dios a Oseas de casarse con una prostituta y tener hijos con ella. A los hijos, Oseas les pone nombres simbólicos que anuncian proféticamente la suerte de Israel. Mucho se ha discutido sobre este particular a lo largo de la historia, tratando de explicar el carácter de esta narración: si relata un hecho histórico o si es simplemente una metáfora. Hoy la posición más aceptada es que se trata de un suceso basado en la experiencia real del profeta. Consiste en una acción simbólica, similar a las que encontramos en otros profetas (por ejemplo, Jeremías y Ezequiel). En otras palabras, Oseas experimentó el amor por una mujer, Gómer, con la que se casó y que lo traicionó abandonándolo por otro. El amor del profeta era tan grande que no cejó en su empeño hasta que consiguió que su esposa volviera con él. Utilizó toda clase de medios para hacerle ver a la ingrata que era él quien verdaderamente la amaba, quien colmaba todos sus deseos y necesidades. Esta experiencia personal hizo descubrir a Oseas cómo YHWH había amado y continuaba amando a su pueblo Israel y que todo lo que había hecho, había sido con el fin de hacerlo volver a él.

El lenguaje usado por Oseas es colorista y atrevido; quiere transmitir el mensaje de que Dios ama a Israel con un amor profundo y apasionado, y que la infidelidad de su esposa (Israel) no le resulta indiferente. Por eso retrata la idolatría como prostitución y adulterio. Los falsos dioses son otros tantos amantes tras los que corre el pueblo infiel.

Los hijos de Oseas reciben de este nombres proféticos que anuncian cómo Israel se aleja progresivamente de Dios a causa de la infidelidad obstinada del pueblo:

Al primero lo llama "Yizreel", nombre de trágica evocación, que significa "Dios siembra" y que hace referencia al valle de Yizreel, lugar donde el fundador de la dinastía reinante en Israel asesinó a su predecesor. El nombre de este hijo anuncia las aflicciones que Dios está por mandar a un reino que nació de tan sangrienta manera.

Al segundo hijo, una niña, la llama "Lo-Ruhama" o "No compadecida" indicando que YHWH no se compadecerá ya de la casa de Israel.

Por último, el tercer hijo es llamado "Lo-Ammí" o "No mi pueblo", una señal de que Dios va a deshacer el pacto que había hecho con su pueblo. En Oseas 1:9 YHWH dice "porque ustedes no son mi pueblo ni yo soy para ustedes El-Que-Soy", lo cual está en oposición con lo que Dios mismo había dicho a Moisés en Éx 6:7 "Yo los haré mi pueblo, y seré su Dios; sabrán que yo soy Yahvé, su Dios".

Usando los nombres de sus hijos, Oseas transmite el mensaje del Señor a Israel: si no cambian su forma de actuar y vuelven a Dios, este se verá obligado a romper la alianza establecida con ellos, lo cual los dejará verdaderamente desamparados.

Oseas 2 Israel como esposa de YHWH

El tono de libro cambia radicalmente en los primeros versículos del capítulo segundo. No se encuentran ya palabras de condenación y reproche, sino de ternura y esperanza. Esta es una característica que encontraremos en todos los libros proféticos. Algunos autores interpretan estos cambios abruptos de tono a que los oráculos proféticos son textos recogidos de diversos períodos y puestos por escrito en un segundo momento con criterios que a veces no conocemos. Sin descartar esta posibilidad, es importante recordar que lo que

Dios por boca del profeta busca, no es un desahogo o una venganza por un amor herido, sino que el pueblo verdaderamente se arrepienta y vuelva a él. En esta perspectiva se puede entender que utilice, una al lado de la otra, estrategias que parecen contradictorias. Dios hace todo lo posible por aquel a quien ama.

vv. 4-15. YHWH continúa usando la imagen del matrimonio para hablar de su relación con Israel. En el v. 4 incita a los hijos a pleitear con su madre "¡porque ella ya no es mi mujer, y yo no soy su marido!". El verbo usado ("pleiteen", hebreo rîb) es un término legal para indicar un proceso formal contra una persona a la que se quiere convencer de su error y tiene como fondo la ruptura de la alianza, simbolizada por el vínculo matrimonial, que Israel ha perpetrado. En este texto, tanto la esposa como los hijos representan al pueblo de Israel; el primero colectivamente y los segundos en cuanto miembros individuales.

El Señor conmina a Israel a abandonar su infidelidad y para hacerlo le amenaza con castigos (vv. 5-9a). Estos castigos anunciados, sin embargo, no son la reacción de un corazón despechado que busca venganza, sino elementos que forman parte de la pedagogía divina. Dios trata de hacerle comprender a su esposa que él es el único que verdaderamente la ama y de quien depende completamente, y que los amantes (los falsos dioses) nada pueden darle y nada le han dado (vv. 9b-15). El trigo, el mosto y el aceite mencionados son los productos de la tierra, don de YHWH, que Israel pretende recibir de los "baales" (los ídolos de la religión cananea, con la que convivían). Dios se los va a quitar para que los israelitas se den cuenta de que no son los baales quienes se los proporcionan, sino él.

vv. 16-25. El tono cambia completamente de nuevo. Estos versículos retratan a un Dios que aparece siempre como el esposo de Israel. Ahora, sin embargo, lo vemos seduciendo con ternura a su prometida, prometiéndole una relación renovada. El texto presenta el período del desierto como un tiempo de idilio, los días de noviazgo entre Dios e Israel. Fue en esa época cuando Israel descubrió a YHWH como su verdadero "esposo". Oseas hace una lectura del período en el desierto distinta de la que encontramos en los libros de Éxodo y Números. Tenemos aquí un ejemplo de cómo la Palabra de Dios es releída y aplicada a un momento particular de la historia de Israel. Encontramos continuos ejemplos de esto en los profetas (por ejemplo, la lectura que Isaías 40:3 hace del desierto).

El v. 20, que es quizá el centro de la perícopa, presenta una relación renovada sobre la base de una alianza nueva establecida por el Señor con la creación, haciéndose eco de los primeros capítulos del libro del Génesis. La paz y la seguridad para toda la creación están íntimamente ligadas a la renovación de la relación entre Dios y los seres humanos (2:21-22). Por medio de la redención y restauración del pueblo de Dios, la naturaleza es también redimida y restaurada. Dios promete desposar a Israel para siempre y menciona los cinco elementos que constituirán su dote: justicia, derecho, amor, compasión y fidelidad. Todos constituyen características esenciales de Dios y pasarán a ser posesión de Israel/esposa, porque los israelitas conocerán al Señor. "Conocer" en lenguaje bíblico se refiere sobre todo a un conocimiento íntimo y profundo, del cual la relación conyugal es un ejemplo preeminente.

Oseas 3 Oseas y su esposa juntos de nuevo

El capítulo 3 parece relatar los mismos eventos mencionados en el capítulo 1, pero desde la perspectiva del profeta, pues están escritos en primera persona, mientras aquellos lo estaban en tercera. Los autores han discutido sin fin acerca de la identidad de la mujer mencionada en este capítulo, si es la misma de antes u otra distinta. Baste decir que, si la finalidad del texto es mostrar la fidelidad de YHWH a su pueblo, representado aquí por Oseas, el hecho de que él mismo no sea fiel a la primera mujer desmentiría el mensaje. Por eso lo más probable es que se trate de la misma persona. En el capítulo 1 se subrayaría la "prostitución", el ir detrás de muchos dioses; en el capítulo 3 se pondría de relieve el "adulterio", la infidelidad a YHWH.

En vv. 2-5 Oseas cumple el mandato divino y le da una orden a la mujer: no debe practicar la prostitución y tampoco estará con Oseas por un tiempo. De nuevo, las acciones del profeta son una analogía de la relación de Dios con su pueblo: habrá un período de separación que provocará una contrición en Israel. Esta separación tendrá ramificaciones profundas para el pueblo: no tendrán ni rey ni príncipe (gobierno propio) ni manifestaciones públicas de culto. Será un tiempo de purificación para Israel que llevará a una restauración con un nuevo rey, uno como David.

Preguntas de repaso

1. ¿Cuál es el significado del simbolismo en la historia del matrimonio de Oseas con Gómer?
2. ¿Por qué el Señor cambia de parecer sobre su compasión por los israelitas?
3. ¿Quiénes son los amantes contra los que el Señor pone en guardia?
4. ¿Cuál es el significado del pasaje donde el Señor dice al pueblo que deberán esperarlo por muchos días?

Oración final (ver página 15)

Reza la oración final ahora o después de la *Lectio divina*.

Lectio divina (ver página 8)

Relájate y mantén una postura de oración (espalda recta, ojos cerrados, pies apoyados en el suelo). Este ejercicio puede durar cuanto guste, pero en el contexto de este estudio bíblico, de 10 a 20 minutos deberían ser suficientes.

Las meditaciones que siguen se ofrecen para ayudar a los participantes a usar esta forma de oración, pero hay que considerar que la Lectio está pensada para conducirlo a uno a un ambiente de contemplación orante donde la Palabra de Dios habla desde el corazón a quien la escucha (ver a la página 8 para más instrucciones).

El matrimonio con Gómer (Oseas 1)

Dios advirtió a los israelitas, representados en Gómer y sus hijos, que no iba a tener compasión de ellos. A pesar de esas terribles palabras, muchos de ellos esperaban que YHWH los perdonaría si se arrepentían. Los cristianos saben que Cristo, el Señor, perdona siempre, sin importar la gravedad del pecado, si uno se arrepiente sinceramente de sus maldades. El Señor nunca niega el perdón.

✠   ¿Qué puedo aprender de este pasaje?

Israel como esposa del Señor (Oseas 2)

Una muchacha huyó de su casa cuando tenía diecisiete años. Llegó a Nueva York pensando que allí la vida sería maravillosa. Sin embargo, las cosas no le fueron bien. Sola y sin trabajo, al final se vio obligada a prostituirse para poder comer y tener dónde vivir. A los veintidós años su vida era completamente miserable.

Camino de su "trabajo" pasaba todos los días por delante de una iglesia. Una noche decidió entrar. Habló con el párroco que estaba preparando las cosas para la Misa de la mañana siguiente y le contó su historia. El sacerdote le animó a que llamara a su familia. Así lo hizo y habló con su padre, que inmediatamente fue a Nueva York a verla. Cuando se encontraron, se fundieron en un largo y fuerte abrazo. El hombre no podía parar de llorar. Hasta ese momento, ella estaba convencida de que su familia la había rechazado y ya no la amaba. "Ese día", contó a unos amigos, "experimenté el poder del amor en el abrazo de mi padre".

El Señor es como ese padre. No importa cuánto pecasen los israelitas adorando a otros dioses, sus brazos estaban siempre abiertos para recibirlos amorosamente. Dios sigue haciendo lo mismo con nosotros.

✠ ¿Qué puedo aprender de este pasaje?

Oseas y su esposa juntos de nuevo (Oseas 3)

A pesar de que los israelitas habían pecado gravemente adorando a otros dioses, el Señor prevé un día en el que ellos volverán a él, su Dios. La historia está llena de vidas de santos que en un tiempo fueron pecadores. San Francisco de Asís o san Agustín tardaron su tiempo hasta que se convirtieron y decidieron abandonar la vida superficial y mundana para consagrar su existencia a Dios. La predicción que encontramos en el libro de Oseas, anunciando que "volverán al Señor su Dios" muestra al mundo que los grandes pecadores pueden convertirse en grandes santos, como san Agustín o san Francisco, y otros más.

✠ ¿Qué puedo aprender de este pasaje?

Libro de Oseas (II)

OSEAS 4–14

¿Quién es sabio para entender estas cosas, inteligente para conocerlas?: porque rectos son los caminos de Yahvé, por ellos caminan los justos, mas los rebeldes en ellos tropiezan (Os 14:10).

Oración inicial (ver página 14)

Contexto

Parte 1: Oseas 4:1—5:14. El Reino del Norte (Israel) desobedece los mandamientos de YHWH y este los castiga con una devastación total. Al pueblo le falta conocimiento de Dios porque los sacerdotes, que tampoco lo tienen, no cumplieron con su misión de enseñar al pueblo. Puesto que dan culto a los ídolos, el Señor los castiga.

Parte 2: Oseas 5:15—14:10. YHWH desea lealtad y fidelidad por parte de los israelitas, no sacrificios. El Señor los ha curado y los ha acogido siempre, pero ellos escogen la maldad y hacen alianzas con otros pueblos, aceptando sus dioses. Violan la Alianza dando culto a ídolos hechos por manos humanas, prostituyéndose de ese modo a los ojos del Señor. Dios los castigará por sus pecados. Aunque él los cuida como un padre amoroso, ellos se han vuelto infieles y orgullosos.

PARTE 1: ESTUDIO EN GRUPO (OSEAS 4:1—5:15)

Lea en voz alta Oseas 4:1—5:14.

Oseas 4 La culpa del pueblo

vv. 1-3. El capítulo se abre con una invitación a los israelitas a "escuchar la palabra de Señor". Esta es una fórmula solemne, típica de los profetas, que se presentan como heraldos oficiales de YHWH. No será Oseas quien hable sino el Señor por medio de él. La razón por la que deben escuchar con atención es porque el mensaje es muy serio: el Señor está a punto de entablar un pleito judicial con Israel (se utiliza de nuevo el término rîb, ver página 24). El motivo por el que YHWH hace esto es la falta de fidelidad, amor y conocimiento de Dios en la tierra. Estos elementos formaban parte de la dote dada por YHWH a su esposa (Os 2:21) y han sido sustituidos por "perjurio y mentira, asesinato y robo, adulterio y violencia, sangre y más sangre" (v. 2), violaciones graves del Decálogo y por tanto de la Alianza.

La consecuencia de ello es que toda la naturaleza sufrirá por causa del pecado del hombre; se la representa como una mujer en duelo, triste y mustia, que se marchita. En la antigüedad se pensaba que la sequía era un castigo de Dios por los pecados del pueblo.

vv. 4-19. Dios acusa de manera especial a los sacerdotes y a los profetas, principales culpables de la ignorancia de YHWH que tiene el pueblo. Los acusa de "alimentarse del pecado del pueblo y ansiar su culpa", pues las ofrendas más comunes que se llevaban al Templo, y de las que los sacerdotes tenían derecho a una parte, eran aquellas ofrecidas por los pecados. Los sacerdotes, por tanto, no instruyen ni corrigen al pueblo por interés personal. YHWH los rechazará.

El Señor señala también que la causa del extravío del pueblo está en que los sacerdotes mismos son los primeros en "prostituirse", por eso ellos son los verdaderos culpables (v. 14). Esta "prostitución" les hace perder el juicio, como si estuvieran borrachos, llegando hasta la ridiculez: le rezan a un palo y le hacen súplicas a su bastón (Asera, la diosa cananea de la fertilidad era representada por medio de un árbol) y realizan otra serie de insensateces (vv. 12-13). El pasaje está lleno de ironía y sarcasmo.

v. 15. Aunque dirigido a Israel, se refiere a Judá. Esto parece un signo de que el editor está escribiendo precisamente desde el reino del Sur. Les advierte que no vayan a los santuarios de Guilgal y Bet-Avén, en tiempos de Oseas los principales centros de idolatría (cuando el reino se dividió en 921 a.C., Jeroboam I construyó santuarios en Dan y Bet-El para evitar que la población del norte fuera a Jerusalén). Bet-Avén es un juego de palabras: el nombre original, Bet-El significa "casa de Dios", Bet-Avén quiere decir "casa de iniquidad". El Señor los compara con una novilla testaruda, a la que es imposible de pastorear. Dado que Israel ha preferido unirse a los ídolos, la única opción que queda es dejarlo a su suerte, pues prefiere la ignominia a su gloria o escudo, que es el Señor mismo.

Oseas 5 Agitación en Israel

vv. 1-7. El capítulo se abre con una segunda exhortación a los líderes políticos y religiosos para que escuchen. Ellos son ahora los destinatarios del juicio, pues ellos mismos son los responsables de impartir justicia y no lo han hecho, sino que han sido como una trampa para el pueblo. El texto usa tres metáforas relacionadas con la caza: la trampa, la red y la fosa. Con ellas, YHWH les reprocha haber destruido la libertad de Israel.

Dios afirma que conoce muy bien a Israel y sabe que está embriagado por un "espíritu de prostitución" que no le permite volver a él. Tropieza por sus culpas y hace tropezar también a Judá. Irán a buscar a YHWH para ofrecerle sacrificios, pero no lo encontrarán. Es significativo que no se dice que el Señor los abandone, sino solamente que "se ha retirado de ellos". Abandonarlos sería romper la Alianza, lo cual iría contra las promesas hechas a los antepasados. El profeta reitera una y otra vez en el libro que Dios permanece fiel a la Alianza no obstante la infidelidad del pueblo.

vv. 8-15. En 5:8 las imágenes cambian de la idolatría a la guerra. Al inicio se habla de una orden de sonar la trompeta, normalmente fabricada con un cuerno de carnero, para anunciar la llegada inminente del enemigo, de forma que los campesinos se puedan refugiar en las ciudades y el ejército, agruparse. Al parecer el enemigo sube desde Judá, pues las ciudades están mencionadas de Sur a Norte (Gibeá, Ramá, Bet-el). Los autores piensan que se refiere al trasfondo histórico de la guerra siro-efraimita mencionada con anterioridad.

Esta suposición tiene cierto fundamento, sin embargo, lo importante es el mensaje que el profeta transmite valiéndose de él: es el Señor, que se sirve de los acontecimientos para castigar a Israel y lo hace utilizando dos imágenes que indican un desgaste que llega desde dentro, la polilla y la carcoma (v. 12). Israel piensa que el enemigo viene de fuera, pero la causa de su debilidad está dentro.

vv. 12-15 YHWH señala cómo, al notar su enfermedad, Israel y Judá en lugar de ir a buscarlo a él para que los cure, recurren a Asiria. Sin embargo nadie podrá salvarlos porque él es como un leoncillo que no soltará la presa hasta que se arrepientan y vuelvan a él. De nuevo vemos al Señor que castiga, pero solo con la intención de hacer que su pueblo regrese a él.

Preguntas de repaso

1. ¿Cuáles son los pecados de la gente del Reino del Norte (Israel)?
2. ¿Cómo aplicaría el concepto de "conocimiento de Dios" que aparece en estos textos a situaciones del mundo moderno?
3. ¿De qué forma han pecado los sacerdotes contra el pueblo?
4. ¿Ha sido justo el Señor al castigar más levemente al pueblo ("las hijas") que a los sacerdotes (hombres)?
5. ¿Por qué el Señor castigó a Efraín y Judá?

Oración final (ver página 15)

Reza la oración final ahora o después de la *Lectio divina*.

Lectio divina (ver página 8)

Relájate y mantén una postura de oración (espalda recta, ojos cerrados, pies apoyados en el suelo). Este ejercicio puede durar cuanto guste, pero en el contexto de este estudio bíblico, de 10 a 20 minutos deberían ser suficientes.

Las meditaciones que siguen se ofrecen para ayudar a los participantes a usar esta forma de oración, pero hay que considerar que la Lectio está pensada para conducirlo a uno a un ambiente de contemplación orante donde la Palabra de Dios habla desde el corazón a quien la escucha (ver a la página 8 para más instrucciones).

La culpa del pueblo (4)

El cardenal inglés John Henry Newman habló de dos tipos de fe: fe meramente intelectual y fe auténtica o real. La fe intelectual se refiere a la que tienen algunas personas que dicen creer en Dios, pero esto no tiene ninguna consecuencia práctica en su vida. La fe real es un creer que influye y modela cada aspecto de la vida de una persona. Las personas con una fe intelectual fácilmente pueden ser presas del espíritu mundano al mismo tiempo que descuidan el espíritu de Dios. Los sacerdotes del libro de Oseas son un ejemplo de fe intelectual en Dios; el conocimiento de Dios no influye en sus vidas. No tienen nada que puedan enseñar a los israelitas.

✠ ¿Qué puedo aprender de este pasaje?

Agitación en Israel (5)

Cuando el jefe de una compañía se jubila, los trabajadores con los que no congeniaba pueden sentir cierto alivio; sin embargo, puede haber otros que se pregunten con temor cómo irá a ser su sustituto, cómo les afectarán los posibles cambios que quiera introducir en su departamento. Podría aplicarse muy bien el proverbio "más vale lo malo conocido que lo bueno por conocer".

Judá necesitaba la ayuda de Asiria y se convirtió en su vasallo, entregándole sus riquezas. En tiempos de crisis, las naciones toman con frecuencia decisiones poco sensatas, aliándose con quienes no deben. Judá eligió el poderío material de Asiria olvidándose del Señor y del poder de la oración.

✠ ¿Qué puedo aprender de este pasaje?

PARTE 2: ESTUDIO INDIVIDUAL (OSEAS 6:1—14:10)

Día 1: Los crímenes de Israel (6:1—7:16)

En 6:1 cambia quien habla: ya no se trata de Dios o del profeta, sino de una primera persona plural, "nosotros". Es el pueblo que entona un canto penitencial en el que expresa su deseo de volver al Señor para ser curado. Sin embargo, el canto, lejos de revelar una verdadera actitud de conversión, pone en evidencia la superficialidad del arrepentimiento del pueblo, que está demasiado seguro de que el Señor "dentro de dos días nos dará la vida y al tercer día nos hará resurgir" o que "su salida es cierta como la aurora". El Señor manifiesta lo poco confiable que es la fidelidad de Israel ("como nube mañanera, como rocío matinal"). Seguidamente encontramos una de las frases más importantes de la Escritura: el Señor quiere amor, no sacrificios; conocimiento de Dios más que holocaustos. Este texto es clave para entender el sentido de la verdadera religiosidad que Dios quiere y que será desarrollada por los profetas posteriores. No se trata de realizar rituales religiosos vacíos de significado, sino de vivir una relación con el Dios vivo. Consiste en vivir de acuerdo con la voluntad de Dios. El capítulo 6 termina expresando la decepción de Dios porque Israel no ha entendido nada y ha violado la Alianza. Los sacerdotes son como pandilla de bandidos. No solo Israel es culpable, también Judá cosechará lo que ha sembrado.

En el capítulo 7, YHWH continúa expresando su frustración ante Israel por medio de cuatro lamentos, que son otras tantas acusaciones. Cuando Dios quiere curarlo de su enfermedad, es cuando descubre más maldad. Es la imagen del médico que queriendo curar una llaga superficial descubre un tumor más profundo. Pero el Señor recuerda toda su maldad. La estructura de estos versículos se puede resumir así: lamentación en general sobre la maldad del pueblo (vv. 1-2); lamentación sobre la política interna de Samaría (vv. 3-7); lamentación sobre la locura de Israel en la política internacional y anuncio de castigo (vv. 8-12); lamentación sobre el castigo de Israel por su rebelión e ingratitud (vv. 12-16).

Los lamentos utilizan varias imágenes: en los vv. 4-7 el horno sobre-calentado hace referencia a los líderes de Israel que con la pasión y fuego de sus transgresiones, y su traición toman decisiones por su cuenta, ignorando a YHWH. Su fuego, sin embargo los consumirá. Israel está consumiéndose en su propia ira. En v. 8, relacionado con la metáfora del horno, se compara a Efraín con una tortilla medio cocida, a la que no se le ha dado la vuelta y de un lado está chamuscada y del otro casi cruda. Israel se ha aliado con las naciones y como consecuencia con sus dioses. Hacia YHWH se muestra duro, pero blando con las naciones, por lo que estas han devorado su fuerza. Israel es como una paloma ingenua (v. 11) que busca ayuda en los grandes imperios, que solo quieren aprovecharse de ella. La metáfora de la paloma se relaciona con la usada para describir el castigo que le espera: el Señor echará su red sobre ellos.

El cuarto lamento se abre con un grito de dolor, una elegía (género literario sacado de los lamentos fúnebres, donde se llora por la muerte de alguien o por una desgracia), que aquí anuncia la inminencia del desastre. YHWH se queja por la rebelión del pueblo, lo que le impide poder rescatarlos. Las "mentiras" que dicen contra él se refieren a sus promesas rotas de cumplir la Alianza, y se rehúsan a clamar a él cuando están en medio de la angustia. Dios les reprocha que se "hacen incisiones por el trigo y el mosto". "Clamar", "gemir" y "hacerse incisiones" eran prácticas típicas del culto a los dioses cananeos de la fertilidad (cf. 1 Re 18:26-29). El lamento concluye con la descripción del castigo que Israel va a recibir por su rebelión contra YHWH: impotencia, cautividad y muerte en guerra. Son como un arco destensado en el que no se puede confiar para disparar. Los líderes caerán a espada porque sus lenguas han pronunciado denuncias, conspirado y mentido. Los egipcios, en quien habían depositado sus esperanzas, lejos de ayudarles, se reirán de ellos, con lo que se cumple la maldición de Deuteronomio 28:37 por no respetar la Alianza: "Serás el asombro, el refrán y la irrisión de todos los pueblos a donde Yahvé te conduzca".

Lectio divina

Pase de 8 a 10 minutos en contemplación silenciosa del siguiente pasaje:

Los reyes de Israel dejaron a YHWH para seguir a falsos dioses. Con el tiempo pagaron por ello, pues fueron traicionados y asesinados. Algunos habían alcanzado el trono matando a su predecesor. Su vida se volvió un claro ejemplo del "efecto dominó" que tiene el pecado: una vez que aceptaron el pecado en sus vidas, otros pecados siguieron. Al adorar a los ídolos, los reyes de Israel se volvieron contra el Señor, olvidando todo lo que él había hecho por ellos. Aunque el autor del libro de Oseas habla del Señor que castiga al pueblo, la realidad es que el pueblo se castigó a sí mismo al pecar y causar sufrimientos y dificultades a los demás. También en nuestros días los pueblos que olvidan al Señor o adoran una falsa imagen de un dios vengativo y sin amor, causan gran dolor al mundo y a sí mismos.

✠   ¿Qué puedo aprender de este pasaje?

Día 2: De la gloria a la corrupción (8:1—9:17)

Oseas 8:1-14 sigue desarrollando el tema de la idolatría de Israel. Está formado por tres unidades: vv. 1-3, un grito de advertencia; vv. 4-13, una descripción de las transgresiones de Israel en el culto y la política; y v. 14, una declaración de condena por parte de Dios.

Los vv. 1-3 preparan el escenario para la secuencia de sucesos que culmina con la condena del v. 14. Comienza con una orden de YHWH a un individuo, que puede ser el profeta mismo: "¡Emboca la trompeta!". El resto del v. 1 da la razón para hacer sonar la alarma ("soy como un águila contra la casa de Yahvé"), y de por qué el pueblo está en peligro ("porque han quebrantado mi alianza y han sido rebeldes a mi Ley"). Aunque Israel afirma reconocer a YHWH, en realidad en la práctica lo rechazan al organizarse la vida sin tenerle en consideración, nombrando reyes sin tomarlo en cuenta a él. El texto parece hacer referencia al período de crisis que comenzó después del 748 a.C. y durante el cual hubo una rápida sucesión de reyes, la mayoría de los cuales subió al poder asesinando a su predecesor (cf. 2 Re 15:8-30).

La segunda parte del v. 4 ataca las falsas prácticas de idolatría. El "toro" o "becerro" mencionado en el v. 5 se refiere al ejemplo más notorio de idolatría presente en Israel, aunque no el único. El culto del becerro de oro había sido introducido por Jeroboam en el norte al inicio de la división del reino (cf. 1 Re 12:26-33) y recuerda al que fabricó Aarón (cf. Éx 32). El Señor anuncia su destrucción puesto que es obra humana "y eso no es Dios". El v. 7 sabe a proverbio, parece decir que solo con la inteligencia humana, la sabiduría popular se da cuenta de las consecuencias de tales acciones, pero Israel no lo entiende. En la referencia a los enemigos que se comerán el poco grano que se recoja, se resuelve otra de las maldiciones por el incumplimiento de la Alianza (cf. Dt 28:33).

El v. 8 continúa y explica la metáfora anterior. La dispersión entre las naciones, que van a sufrir dentro de poco, es la imagen de Israel que será devorado y que se ha vuelto un "objeto indeseado" porque ha perdido lo que le hacía precioso: la alianza con YHWH. La infidelidad de Israel se ha manifestado de la forma más dramática en su petición de ayuda a Asiria. Oseas lo compara con un onagro o asno salvaje solitario que ha ido a "comprarse amores". Con esta frase, la imagen de la prostitución, que antes se había usado para calificar a la idolatría, es aplicada a la política internacional; esto tiene sentido porque pedir ayuda a Asiria significaba ponerse bajo su protección, establecer una alianza y, con ello, reconocer a sus dioses. Al buscar la ayuda de otros pueblos, los reyes y príncipes de los mismos los aplastarán.

YHWH los acusa de haber construido numerosos altares con la pretensión de purificarse o expiar por el pecado. La Alianza prescribía un solo santuario (cf. Dt 12), pero ellos, contaminados con la religión cananea, violan ese mandato. De esa manera, los muchos altares erigidos se convirtieron en instrumentos para pecar. Dios les reprocha que, aunque escribió para ellos su torah, ellos la consideran cosa extraña. El término utilizado en hebreo (Torah) se traduce con frecuencia como "Ley", pero tiene un significado más amplio, de "instrucción". Por esa misma razón, Dios no acepta sus sacrificios por más que, comiendo la carne de los mismos, piensen entrar en comunión con él. Esos sacrificios se han vuelto fin en sí mismos, más que un acto de culto. En v. 13b se anuncia un castigo divino contra Israel: el Señor recordará sus culpas y castigará sus pecados; ellos volverán a Egipto. La mención aquí del país del Nilo es más un símbolo de lugar de esclavitud que un anuncio geográfico preciso. El capítulo se cierra con una nota sombría (8:14): la falta de memoria es la raíz de los problemas de Israel; se ha olvidado de su Dios y ha buscado ayuda en el poder militar y político, construyendo palacios y fortificando ciudades. Su falsa seguridad acabará en cenizas cuando el juicio divino haga consumir con fuego sus fortificaciones.

Oseas 8:1-14 nos da un retrato desconsolador de Israel y su situación: desleales, hipócritas, culpables de idolatría, considerados inútiles por otros pueblos, olvidadizos, condenados por Dios. Israel ha roto la Alianza y la Ley. El profeta lanza un mensaje claro y fuerte para los líderes de entonces y de todo tiempo.

Complementando el anuncio de castigo anterior, el capítulo 9 inicia con una advertencia de YHWH a Israel de que no se alegre como las naciones y de que no ponga su confianza en sus celebraciones religiosas. El problema de Israel, como hemos visto, es que piensa poder vivir al margen de Dios, mientras siga cumpliendo con sus obligaciones rituales (sacrificios y fiestas). La imagen de la prostitución se mezcla con la de los festivales: los israelitas se han prostituido sobre toda era de trigo. La era es un espacio abierto donde se trillan las espigas para separar el grano de la paja. El uso de la pareja de términos "regocijarse" (hebreo "samah") y gritar de alegría (hebreo "gyl") es frecuente para referirse a las celebraciones que se tenían en la época de la cosecha, durante el otoño. En estas ocasiones se bailaba y cantaba, tanto para festejar como para rendir culto a la divinidad (cf. Éx 23:16; Dt 16:13-17; Lv 23:33-43). Al celebrar festivales en la era en honor de los ídolos, Israel se está prostituyendo alejándose del Señor. Por esa razón, Dios anuncia que ni la era ni el lagar (los dos lugares donde se recogía la cosecha) les darán de comer. La mención de la "tierra de YHWH" deja claro que la tierra no pertenece a Baal, tampoco a Israel, sino solo a Dios; esa es la razón por la que no podrán ya habitar en ella. Otra vez se usa el nombre de Egipto como sinónimo de exilio; el "comer alimentos impuros en Asiria" anuncia la pérdida de la libertad y el hecho de que estarán sujetos a las reglas y costumbres de otros pueblos. El v. 4 continúa con el tema de la vida en una tierra impura. Cuando Israel vaya al exilio, no podrá cumplir con sus obligaciones cultuales, que estaban estructuradas en torno a la comida. La libación consiste en derramar vino sobre el altar, sirviéndolo simbólicamente a YHWH. El "pan de duelo" se refiere a que quienes estaban en duelo por la muerte de algún ser querido eran inhábiles (impuros) para el culto; el pan que tocaban podía ser solo para ellos, no podía ser introducido ni ofrecido en el Templo.

El profeta sigue cuestionando al pueblo directamente como preparación para el resto de la condena que vendrá después. La pregunta retórica del v. 5 implica que pronto no habrá más "día de asamblea" o "día de la fiesta de YHWH"; estos dos términos son sinónimos y se refieren probablemente a la celebración por la cosecha, que en el Reino del Norte se tenía el día 15 del octavo mes (contrariamente a Judá, donde se celebraba en el séptimo mes, cf. 1 Re 12:32), lo cual violaba las prescripciones divinas. La pregunta "¿Qué ofrecerán ustedes el día de solemnidad?" pone de relieve el contraste entre aquello que los israelitas hacen en ese momento, es decir, alegrarse, y lo que harán en el exilio. El v. 6 anuncia la inutilidad de sus esfuerzos por evitar el castigo y acumular riquezas. Aunque escapen del desastre y de la devastación, serán llevados al exilio (otra vez aparece Egipto como sinónimo del mismo) y sepultados ahí (Menfis, en Egipto, es la ciudad de las grandes tumbas y de las pirámides). Sus preciosas posesiones de nada les servirán, pues serán invadidas por ortigas y zarzas.

9:7-9: Después de exponer las transgresiones de Israel y señalar a los culpables, el profeta anuncia la llegada del castigo. La gente lo llama "tonto" y "loco", se le opone y se le resiste porque sabe que su culpa es grande y sin embargo el profeta es el verdadero vigía de parte de Dios para el pueblo (se llama "vigía" a los profetas en varios textos: cf. Is 56:10; Jr 6:17; Ez 3:17; 33:2, 6,7). No obstante, el profeta encuentra siempre trampas en su camino y hostilidad en la casa misma de su Dios, que puede ser el Templo, pero también toda la tierra de Israel. Dios deja claro que Israel ha llegado "al fondo de la corrupción, como en los días de Guibeá" (9:9). Probablemente se refiere a los terribles y violentos hechos relatados en Jue 19-21, donde algunos benjamitas violaron y asesinaron a la concubina de un Levita precisamente en Guibeá. Por causa de este crimen, Benjamín fue casi exterminado.

Los vv. 10-17 describen los crímenes de Israel por medio de contrastes que ponen en relieve el amor gratuito de Dios a Israel y la respuesta esquiva de este. Esa respuesta provoca en Dios la frustración y la ira. YHWH habla en vv. 10-13 y 15-16; Oseas lo hace en vv. 14 y 17.

Los vv. 10-14 denuncian los crímenes cometidos por Israel en Baal-peor y lo hace por medio de imágenes de la naturaleza en las que expone el cuidado de Dios por los israelitas. Describe el tiempo en que por primera vez encontró a Israel, enfatizando lo extraordinario del evento y no su aspecto idílico. YHWH se compara a un viajero que, pasando por el desierto, ve de pronto una vid con uvas, algo extraordinario. De la misma manera fue su relación con Israel al inicio en Egipto y el Sinaí. Israel era algo raro y sin igual, su pueblo especial. Él era atractivo para YHWH solo cuando era fiel a la Alianza. Baal-peor es el lugar donde por primera vez Israel traicionó a YHWH cometiendo idolatría adorando a Baal (cf. Nm 25:1-9), haciéndose tan abominable como el objeto adorado. El v. 11 describe la inconstancia de Israel e indica lo infructuoso que será su idolatría comparando a Israel con un pájaro cuya gloria vuela y que no puede concebir ni tener hijos. El v. 13 es difícil de traducir, pero el mensaje es paralelo al anterior: en lugar de prosperar, verán a su descendencia perecer.

Los vv. 15-17 hablan de los crímenes en Guilgal. Este lugar era un antiguo centro de culto desde el inicio mismo de la conquista de la tierra (Jos 4:19-

5:12), que fue atacado por Amós (4:4; 5:5) y Oseas (4:15; 12:12), por ser un centro de idolatría. La unidad se cierra con la confirmación del rechazo divino de Israel y su consecuente exilio.

Lectio divina

Pase de 8 a 10 minutos en contemplación silenciosa del siguiente pasaje:

El pueblo del Reino del Norte (Israel) necesitaba la ayuda del Señor. Ellos afirman que lo conocen, pero en realidad no es así. Tan solo están familiarizados con él. Ese conocimiento superficial no les impide adorar a falsos dioses. El verdadero conocimiento de YHWH requiere algo más que "codearse" con Dios; requiere vivir y adorar a YHWH de la manera que él desea y evitar la adoración de falsos dioses, tales como la avaricia, la búsqueda de placeres prohibidos y otras muchas tentaciones que experimentamos en nuestras vida diaria.

✠ ¿Qué puedo aprender de este pasaje?

Día 3: Castigo por las iniquidades de Israel (10)

Este capítulo de Oseas está compuesto por dos unidades (vv. 1-10 y vv. 11-15). Continúa desarrollando los temas mencionados anteriormente con un lenguaje rico en metáforas; Dios ama y cuida de Israel, quien muestra su naturaleza rebelde e idólatra.

En la primera unidad el profeta usa imágenes de la naturaleza para describir la belleza y depravación de Israel. El primer versículo describe los tiempos de prosperidad que había vivido el Reino del Norte, posiblemente durante el reinado de Jeroboam II (786-748 a.C.). Sin embargo, esa prosperidad no los hizo mostrarse agradecidos con el Señor que se la había proporcionado, sino que la usaron para apartarse de él, porque "su corazón es falso", finge estar adherido a Yahvé cuando de hecho está con los baales (v. 2). Este es el mensaje central del texto y la razón por la que sus altares y estelas serán destruidos (v. 2), su rey (v. 3) e incluso su becerro (v. 5) perecerán. El v. 3 anuncia la caída de la monarquía porque sin temor de Dios, el rey no sirve para nada. El v. 4 enumera los errores cometidos por sus reyes, con los que Israel tuvo una mala experiencia y vio su confianza en la monarquía, traicionada. El becerro del que se habla es el ídolo presente en Bet-el, llamado aquí despectivamente

"Bet-avén", por el que hacen luto y tiemblan los habitantes de Samaría y sus sacerdotes, pues será deportado a Asiria. El pasaje está todo lleno de desprecio y sarcasmo. "Su gloria" probablemente se refiere de forma sarcástica al oro que recubría la estatua de madera del dios; será llevado como tributo ("ofrenda") para el rey de Asiria. El rey de Samaría será arrastrado como espuma (o rama) sobre las aguas del Imperio Asirio, impotente para resistir. Los tres centros de autoridad en el Reino del Norte eran el rey, el culto y la capital. Los vv. 7-8 anuncian el cumplimiento de las sanciones mencionadas en la Alianza contra cada uno de ellos.

El Señor declara que Israel ha pecado desde los días de Guibeá, donde las tribus pecaron al hacerse la guerra entre ellas, como se ha mencionado antes (cf. Jue 20). YHWH anuncia que los castigará por medio de otros pueblos por una doble culpa que no es especificada pero que probablemente se refiere por un lado a la transgresión narrada en Jue 20, y por otra, al pecado actual del pueblo. Así como en otro tiempo, una tribu fue castigada por todas las otras, ahora que es todo el pueblo culpable, será castigado por la alianza de otros pueblos.

En los vv. 10-15 Israel (llamado de nuevo Efraín) es descrito como una novilla domesticada, usando una metáfora que subraya su elección. El poema habla en retrospectiva histórica del estado originario de Israel, cuando el pueblo le servía con gusto y llevaba su yugo (la Alianza) con alegría. Continuando con la metáfora agrícola, YHWH les manda que siembren justicia y cosechen amor/misericordia. Ellos, en cambio, cultivaron maldad, cosecharon como consecuencia iniquidad y comieron fruto de mentira; hicieron lo opuesto de lo que les fue mandado. Los v. 14-15 anuncian el castigo por medio de la guerra con descripción de las brutalidades proverbiales que sucedieron en Bet Arbel (no se conoce por otras fuentes qué es lo que sucedió ahí concretamente, pero parece haber sido algo muy conocido en tiempos del profeta). Lo mismo que sucedió en Bet Arbel sucederá en Bet-el a causa de la maldad del pueblo.

Lectio divina

Pase de 8 a 10 minutos en contemplación silenciosa del siguiente pasaje:

Las recientes crisis financieras supusieron la ruina de grandes fortunas. Hemos sabido del suicidio de algunas personas ante la pérdida de su posición económica, personas cuya vida estaba centrada en ganar dinero, que habían hecho un dios de su riqueza y cuando perdieron a su dios, perdieron toda motivación para seguir viviendo.

De la misma manera, el pueblo de Israel había abandonado a su Dios para adorar a un ídolo que representaba al dios cananeo Baal. Cuando los asirios se llevaron a su ídolo como botín, se quedaron sin nadie a quien adorar.

Jesús vio bien clara esa tendencia humana a hacer de la riqueza un dios y nos advierte sabiamente que nos hagamos de un tesoro duradero. Él se daba cuenta de que ponemos una gran energía en alcanzar los deseos de nuestro corazón, sean estos riqueza, prestigio o cualquier otro tipo de ventaja personal. Nos dice que pongamos el corazón en un tesoro custodiado en el cielo y añade: "porque donde esté tu tesoro, allí estará también tu corazón" (Mt 6:21). Nadie nos puede quitar un tesoro así.

✠ ¿Qué puedo aprender de este pasaje?

Día 4: Un padre para Israel (11:1—12:15)

Oseas 11:1-11 es un poema que nos abre una ventana al corazón de Dios. En él, Dios es presentado como un padre amoroso que cuenta la historia de sus relaciones con su hijo. Los vv. 1-4 narran la "infancia" de Israel y cómo YHWH le mostró su amor, sacándolo de Egipto (alusión al Éxodo), enseñándolo a caminar, tratándolo con delicadeza y ternura, mientras que él se fue alejando cada vez más de él para ir con los baales. El texto se parece a la denuncia legal que el Deuteronomio prescribe contra un hijo rebelde (cf. Dt 21:18-21). Los vv. 5-7 presentan las consecuencias para Israel de haberse alejado de Dios, su padre: volverán a Egipto, la tierra de donde él los sacó. La destrucción y el abandono serán el resultado de sus apostasías. Hay un cambio inesperado de tono en los vv. 8-9, pues en lugar del cumplimiento total del castigo anunciado en 5-7, lo que aparece es un cambio de actitud en Dios. Algo parecido vimos ya en Oseas 2:16ss, donde aparece un anuncio de salvación por parte de Dios sin que preceda un cambio de actitud por parte del pueblo. Una vez más, el profeta subraya con esto que la intención de YHWH no es la de desahogar su ira, sino hacer recapacitar al hijo desobediente. Dios se pregunta cómo va a poder castigar a Efraín, pues él mismo sufre más al castigar que Israel al ser castigado. El amor entrañable de Dios en el v. 8 es descrito con vocabulario muy gráfico y realista, como un ser humano hablaría de sus sentimientos. Nos es presentado aquí un Dios que ama y sufre apasionadamente ante su creatura. La frase central del capítulo es "no volveré a destruir a Efraín, porque soy Dios, no hombre; el Santo en medio de ti" (v. 9). Dios no reacciona dejándose llevar por la ira como los humanos; lo que caracteriza a Dios es la santidad, es decir, su ser distinto del hombre y su amor fiel. Los vv. 10-11 describen el cambio que esta manifestación del poder misericordioso de Dios realizará en el pueblo: "marcharán tras Yahvé, él rugirá como león", "temblarán como un pajarillo al venir de Egipto".

En el capítulo 12, el Señor habla de las infidelidades de Efraín, contrastándolas en el v. 1 con la fidelidad de Judá. Efraín es comparado con un pastor que en lugar de ovejas se dedica a "apacentar viento", es decir, va de un lado para otro pero sin sacar nada de provecho. Un frase semejante aparece en el libro del Eclesiástico (1:14; 2:11-17; 2:26; 4:4; 4:6; 6:9) para indicar la inutilidad de los proyectos meramente humanos.

El v. 3 anuncia una causa legal contra Judá (aparece de nuevo el término rîb) y un plan para castigar a Jacob de acuerdo con sus acciones. Los versículos siguientes contienen las acusaciones que el Señor hace contra el pueblo. El nombre Jacob (otra denominación de Israel) es usado para designar al Reino del Norte. Lo que Oseas va a hacer en los siguientes versículos es releer la historia del patriarca, antepasado de sus oyentes, a la luz de la Alianza y emitir un juicio sobre el presente del pueblo, que repite las acciones de su progenitor. La lectura que nos da Oseas de las acciones de Jacob sigue de cerca el relato del libro del Génesis (cf. 25:19-26; 27:36; 32:27-29). Los vv. 4-5 tienen como finalidad recordar al pueblo quién era su ancestro, cómo obtuvo sus dos nombres (Gn 25:21-26; 32:22-31) y su encuentro fundamental con Dios en Bet-el (Gn 35:1-10). El v. 6 recuerda con un lenguaje litúrgico a los oyentes quién es su Dios: YHWH Sebaot, el mismo que se apareció a Jacob en Bet-el. La implicación es clara: así como Jacob era nada sin YHWH, de la misma manera Israel es nada sin su Dios. "Si tu nombre es Israel, YHWH es tu Dios". De ahí se sigue el llamamiento de Oseas a Israel para que se convierta a YHWH y se comporte como manda la Alianza (v. 7). De nuevo aparecen los términos *hesed* y *mishpat* que resumen la actitud que Dios reclama en relación con la Alianza. Efraín es llamado "cananeo" con un doble sentido: por un lado significa habitante de la Tierra Prometida, por otro, quiere decir también "comerciante", "mercader", "traficante". Con esta metáfora, Oseas declara que Efraín es un mercader codicioso y de la misma calaña que los cananeos, cuya cultura inmoral mereció la extinción (cf. Gn 15:16). La mención de la "balanza trucada" hace de él un estafador (defraudador) y un opresor. Las "balanzas trucadas" son en el Antiguo Testamento un símbolo de tratos sin escrúpulos y van contra las leyes de la Alianza (cf. Dt 25:13; Prov 11:1; 20:23; Miq 6:11). Efraín se delata a sí mismo como el mercader injusto ("Canaán") porque alardea de ser rico y poderoso (v. 9); su mismo comportamiento testimonia en su contra en el juicio que YHWH declara contra él. YHWH le anuncia que todas sus riquezas no le bastarán para comprar el perdón de Dios. Además declara que ha sido Señor de Israel desde el tiempo en que los sacó de Egipto y con esto les recuerda en quién tendrían que haber confiado. Dado que Israel no ha sido fiel, YHWH volverá a hacerles habitar en tiendas, una referencia al período en que vagaban por el desierto (lo que fue provocado por su falta de confianza en el Señor).

Dios les recuerda que no tienen excusa, pues él les ha hablado siempre a través de los profetas, de diversas maneras ("revelaciones" y "parábolas"). El v. 12 presenta evidencia de dos crímenes contra la Alianza. La razón por la que Oseas menciona Guilead y Guilgal es porque ambas parecen tener que ver con una criminalidad relacionada con el culto. Guilead parece haber sido conocida por algún tipo de asesinato (literal o figurado) en el que tomaron parte sacerdotes (cf. Os 6:8-10); Guilgal era un lugar donde se practicaba todo tipo de culto, menos el auténtico.

Los vv. 13-14 vuelven a la historia del patriarca Jacob, recordando a los oyentes otro aspecto: así como Jacob cuidaba ovejas, Israel (el pueblo descendiente de Jacob) fue cuidado por Moisés. El profeta por antonomasia en el Antiguo Testamento era Moisés. El mensaje es claro: las ovejas no han obedecido al pastor al no observar la Alianza. Oseas añade de forma abrupta que Efraín ha provocado gran irritación en el Señor, el cual hará recaer su sangre sobre él. Es decir, le hará pagar las consecuencias de sus pecados. Este versículo prepara el camino al capítulo 13.

Lectio divina

Pase de 8 a 10 minutos en contemplación silenciosa del siguiente pasaje:

Una experiencia compartida por muchos padres es la de criar y educar un hijo rebelde, (por lo general, durante la adolescencia). El amor de los padres es incondicional, pero cuando sus hijos rechazan su amor y su autoridad se encuentran confundidos y a menudo no saben cómo actuar.

El Dios de Israel tiene la misma experiencia con Judá e Israel, sus hijos predilectos. A cierta edad, los padres dejan que sus hijos sufran las consecuencias de sus actos, porque tienen que darles la oportunidad de aprender a rectificar sus errores y tomar buenas decisiones. Así es como actúa Dios con los israelitas en este momento. De hecho, así viene actuando durante toda la historia de la salvación. El Señor nos ama y quiere que respondamos con amor y obediencia, pero no nos obliga, nos da libertad para aceptar o rechazar su amor.

✠ ¿Qué puedo aprender de este pasaje?

Día 5: Pecado y nueva vida (13:1—14:10)

En el cap. 13 YHWH continúa las acusaciones contra Israel llamándolo con el nombre de Efraín, pues era la tribu más importante en el Reino del Norte. Efraimitas habían sido Josué y Jeroboam I, aunque para tiempos de Oseas, Efraín probablemente se refería más bien a la región donde se encontraba la capital del reino, Samaría. Desde allí, en las últimas décadas habían salido muchas decisiones políticas que habían hecho "cundir el terror". El Señor encuentra culpable a Israel ("se hizo culpable con Baal") y especifica el castigo ("debe morir"). Algunos comentaristas piensan que este versículo queda mejor como conclusión del capítulo 12 que como introducción del cap. 13.

Oseas vuelve nuevamente al tema de la idolatría con otra probable referencia al ídolo en forma de becerro de Bet-el. La expresión "continúan pecando" puede significar en hebreo tanto la repetición continua de las acciones como el aumento de la actividad pecadora. Como en 8:5, la ironía de que el pueblo adora lo que él mismo ha hecho constituye el centro de la acusación. Los ídolos eran mero producto de sus capacidades. Oseas se burla de la absurdidad de seres humanos tratando de crear dioses.

Los castigos están acuñados en forma de descripciones metafóricas tomadas de la naturaleza (v. 3) y que subrayan la fragilidad y precariedad de Israel ante el Señor. Él mismo proclama que Israel no conoce dioses fuera de él y no existe salvador, sino él. Vuelve a repetir la idea, ya presente en el c.11, de que cuanto más los colmaba de todo, más engreídos se volvían y más se olvidaban de él. Por esa causa, Dios, el pastor de Israel, se volverá como un león o un leopardo que acecha para atacar, como una osa a la que le han robado su cría (vv. 6-8a). El ataque será despiadado y letal (v. 8). Las imágenes que utiliza son realmente terribles. Hay que recordar que estos textos están cargados de evocaciones poéticas, con un mensaje y una finalidad dirigidos a una audiencia original, que vivía en tiempos extremadamente violentos y que necesitaba ser sacudida de su letargo espiritual. Se trata de imágenes de conquista que reflejan la realidad de la brutal invasión asiria del Reino del Norte en el 722 a.C. Imágenes de este tipo aparecen con frecuencia en las descripciones de otros personajes también opresores y sanguinarios (cf. 2 Re 8:12; Is 13:16; Neh 3:10).

Continuando la idea anterior, los vv. 9-11 afirman que tampoco los reyes y príncipes (líderes humanos) que se escogieron y prefirieron a YHWH, serán capaces de salvarlos. La frase está llena de sarcasmo para hacer sentir la inutilidad de confiar en los seres humanos y no en Dios.

El v. 12 compara la culpa de Efraín a un documento en forma de rollo que es "envuelto" o "amarrado" y "almacenado" para que quede constancia de él, preservado para el momento del juicio. El v. 13 usa otra metáfora para describir la estupidez de Efraín: es como un niño que está en el vientre de la madre y que, cuando llegan los dolores del parto, no es capaz de ponerse en la posición adecuada para nacer y, por tanto, muere. De la misma manera, Israel está viendo llegar los sufrimientos anunciados, pero no tiene la sabiduría de volver al Señor para que le dé nueva vida y, por tanto, morirá. Ante tanta obstinación, YHWH pregunta si los va a rescatar del Sheol y de la muerte (el Sheol en la mentalidad de la época era el lugar a donde iban las almas de los difuntos y donde llevaban una existencia como de sombras). La respuesta no se hace esperar: el Señor invoca a la muerte y al Sheol para que vengan, puesto que la dureza de Israel ha hecho que la compasión se oculte a sus ojos. Esta es una de las afirmaciones más duras del libro de Oseas y que pone de relieve hasta dónde ha llegado la maldad de Israel.

v. 15: Oseas vuelve a hablar de Efraín como una tribu concreta en Israel. Usa dos metáforas para describir la desolación que está por llegar. En primer lugar, Efraín es visto como una planta que morirá por falta de agua. Aunque Efraín florezca y sea exaltado entre sus tribus hermanas, un viento del este (Asiria) vendrá del Señor para consumir su manantial y agotar su fuente. En segundo lugar, se habla del tesoro de Efraín, que le será arrebatado. El v. 1 del capítulo 14 cierra esta sección con la condena de Samaría, culpable de rebelarse contra el Señor. Una vez más se describe crudamente el castigo que le espera.

14:2. El profeta es quien habla, invitando al pueblo a que se convierta, a que vuelva al Señor, recordándoles su caída a causa de sus pecados. Aquí el propósito no es salvarlos del castigo, sino que se trata de una invitación que llega después de que el castigo ha sido ya cumplido. Sin embargo, YHWH, el Dios de Israel, desea un nuevo inicio porque no fue él, sino la culpa de Israel la que trajo el desastre. La llamada del profeta viene del Dios que le ha ya revelado su intención salvífica. El profeta mismo les sugiere la oración que tienen que decir y les exhorta a ofrecer, no las primicias de los frutos, sino el fruto de sus labios, sus palabras. Es decir, reconocer que no es la alianza con Asiria o el poder militar el que les salvará. Tampoco los ídolos los ayudarán, sino solo Dios.

El Señor responde a esta oración prometiendo que lo sanará y lo amará espontáneamente y le dará nueva vida. El texto utiliza metáforas provenientes de la naturaleza para describir esta nueva abundancia de vida. En tres ocasiones se menciona el Líbano como punto de comparación, pues era una zona llena de cedros, grandes árboles y vegetación que representaba el paradigma de la fecundidad y vitalidad.

El v. 10 está escrito como conclusión de todo el libro y presenta una forma parecida a un proverbio. El vocabulario mismo es de marcado carácter sapiencial, pero con conexiones en otros lugares del libro. Está compuesto por una doble pregunta y una sentencia didáctica formada por una línea inicial seguida por dos líneas en paralelismo antitético (expresa ideas opuestas):

> ¿Quién es sabio que entienda estas cosas?
> ¿(Quién) tan inteligente que las comprenda?
> Porque las vías del Señor son rectas.
> Los justos caminan en ellas,
> pero los rebeldes en ellas tropiezan.
> Hosea 14:10

El autor de este versículo, que pudo haber sido añadido en la edición final del libro, invita a buscar y pedir verdadera sabiduría para entender las palabras del profeta, porque el Señor actúa siempre bien (sus vías son rectas); el problema somos nosotros, que podemos tropezar en ellas por no caminar rectamente. En el libro hemos visto cómo Dios a veces promete castigos utilizando un lenguaje extremadamente apasionado y de repente, "cambia de parecer" sin una razón aparente... Es necesaria la verdadera sabiduría para comprender todo esto. La verdadera sabiduría es la que viene de Dios y que nos permite entenderlo.

Lectio divina

Pase de 8 a 10 minutos en contemplación silenciosa del siguiente pasaje:

En el libro de Oseas, el profeta nos enseña que es necesario que seamos pacientes y confiemos en el Señor y no en los bienes materiales haciendo de ellos nuestros dioses. El hombre sabio es prudente y no ignora las necesidades de la vida ordinaria, pero hace del Señor una presencia viva en todas las decisiones que toma. El mensaje consiste en que tenemos que vivir nuestras vidas como fieles del Señor, sabiendo que escucha nuestra oración y confiando en su amor, porque, como dice Oseas: "porque rectos son los caminos de Yahvé" (14:10).

✠ ¿Qué puedo aprender de este pasaje?

Preguntas de repaso

1. ¿Cómo aplica Oseas la imagen de la "torta a la que no se ha dado vuelta" (7:8)?
2. ¿Por qué se enojó el Señor cuando Efraín buscó la ayuda de otras naciones como Egipto o Asiria?
3. ¿Qué dice Oseas acerca de la preocupación del Señor por el pueblo y su respuesta (cf. 9:10)?
4. ¿Qué nos dice la imagen del Señor como padre acerca de la angustia de Dios en relación con Efraín?

Libros de Joel y Amós

"Después de esto yo derramaré mi espíritu sobre todo mortal y profetizarán sus hijos y sus hijas, sus ancianos tendrán sueños, sus jóvenes verán visiones" (Jl 3:1).

Oración inicial (ver página 14)

Contexto

Parte 1: Joel 1:1—2:27. El libro de Joel consiste en dos discursos. Este profeta ejerció su ministerio después de que los judíos volvieron del exilio, entre el 450 y el 350 a.C. Está familiarizado con el templo de Jerusalén antes de que fuera destruido por los babilonios y muestra conocimiento de las liturgias que se desarrollaban en el mismo. Durante su vida los judíos no tenían rey. Profetizó en un período en que hubo una invasión de langostas (insectos) que devoró el poco grano que quedaba en una tierra ya agotada por la sequía. Advierte acerca de una devastación que está para llegar de manos del Señor e invita al pueblo a volver a YHWH. Este libro habla de forma positiva del "día del Señor", el día del juicio final, que traerá bendiciones sobre los israelitas.

Parte 2: Joel 3:1—4:21 y Amós. En los últimos dos capítulos de Joel, el Señor promete llevar a un final seguro al pueblo de Judá. El espíritu del Señor será derramado sobre todo el pueblo de Judá y el Señor castigará a las naciones enemigas.

El libro de Amós se inicia con una serie de oráculos del Señor contra las naciones que oprimen al Reino del Norte (Israel). En tres discursos, el Señor invita al pueblo a tomar nota de la destrucción que está preparada para aquellos que se niegan a escuchar sus palabras. El Señor entonces habla de tres males que aflígen a quienes ignoran la Alianza y realizan sacrificios inútiles a ídolos vacíos. Amós experimenta cinco visiones que se refieren a la destrucción de Israel y advierte al pueblo acerca del castigo inminente que recibirán por haber tratado mal al necesitado. Al final, el Señor bendecirá a Israel abundantemente.

PARTE 1: ESTUDIO EN GRUPO (JOEL 1:1—2:27)

Lea en voz alta Joel 1—2.

Joel 1:1-20 Desastre total

En la presentación del profeta con la que se inicia el libro, la única información que se aporta es el nombre de su padre. Otros libros permiten su datación de acuerdo con el reinado de algunos reyes o porque mencionan hechos históricos relevantes; pero fechar de esa manera este texto es imposible porque el desastre natural, punto de partida para la profecía, es un fenómeno que se produce repetidamente.

El nombre "Joel" significa YHWH es Dios. Tiene los mismos elementos de "Elías", pero en sentido inverso.

Joel se dirige a los ancianos y a todo el pueblo para anunciar una plaga de langostas. Su discurso se puede dividir en dos secciones, que corresponden a los dos primeros capítulos del libro y consisten en dos ciclos de lamentaciones. El primer capítulo es una invitación al lamento, que se inicia con una pregunta retórica del profeta a los ancianos y al pueblo para poner de relieve lo extraordinario del evento que están viviendo y manda al mismo tiempo que se transmita el recuerdo de generación en generación. El siguiente versículo (4) relata lo que pasó y para hacerlo usa cuatro nombres diferentes para referirse a la plaga de langostas (saltamontes). Algunos estudiosos han pensado que se trata de cuatro etapas de desarrollo del artrópodo; sin embargo, es frecuente encontrar en la poesía hebrea el recurso literario conocido como paralelismo, en este caso para enfatizar que todo tipo imaginable de langosta cayó sobre la tierra.

La invasión de langostas es comparada con la de un ejército (v. 6a); se describen las consecuencias de su paso por la tierra (v. 7b-10.12.) y se invita a los diversos grupos sociales a lamentarse, hacer luto y clamar a YHWH (vv. 11:13-14). El profeta subraya las consecuencias para el culto de la falta de materias primas para las ofrendas (9.13b). El v. 15 introduce una lamentación porque está cerca el "día de YHWH", presentado como devastación. Joel trata de convencer al pueblo de que el "día de YHWH" que están soportando es el resultado de su pecado. Los vv. 16-18 describen los efectos de la escasez en la tierra y en el ganado. La experiencia de la sequía lleva a clamar a YHWH. Hasta las bestias del campo parecen jadear tras de él.

Algunos autores piensan que las langostas de las que se habla son en realidad una metáfora para referirse a los ejércitos babilonios que asolaron la región en el 586 a.C. El texto parece indicar más bien que la plaga de langostas es la realidad y que Joel las compara a un ejército. No hay una respuesta segura a este dilema, pero lo que está claro es que el profeta está pronosticando un desastre de dimensiones colosales, nunca antes visto y que para él viene de la mano de YHWH con objeto de despertar el arrepentimiento y provocar la conversión.

Joel 2:1-27 Un nuevo inicio

El capítulo 2 comienza describiendo de nuevo la invasión de las langostas y lo hace desarrollando la metáfora del ejército invasor. El sonar de la trompeta es, como en Oseas 8:1, el acto del vigía que suena la alarma a la vista del ejército enemigo. De nuevo, Joel anuncia la llegada del juicio divino con la frase "llega el día de Yahvé". También en Amós (5:18) y Sofonías (1:15) el día del Señor es un día de oscuridad. En este caso la imagen es muy apropiada porque la nube de langostas tapa la luz del sol, pero también sirve para describir la angustia y el terror. El v. 2 subraya más incluso que 1:1 el carácter inaudito de la plaga. La repetición lo que busca es intensificar la impresión en los oyentes. La descripción de la tierra como jardín de Edén sirve para poner de relieve la destrucción total que traen las langostas.

También en Apocalipsis 9:7 se compara a las langostas con caballos de guerra. En el contexto de Joel el punto de la comparación radica en la analogía con una invasión militar. El texto continúa describiendo al enjambre de langostas como un ejército bien ordenado, disciplinado e imparable que invade y destruye todo. En contraste, presenta los habitantes de la tierra poseídos por el terror y la impotencia; la tierra entera, los mismos cielos, los astros, el sol y la luna se conmocionan ante los devastadores insectos. En el v. 11, se descubre finalmente quién los guía: YHWH es el general de este ejército formidable y marcha delante de él.

Los vv. 12-17 contienen una exhortación al duelo y a la penitencia. En el v. 12, YHWH pide al pueblo que vuelva a él de todo corazón. Esta frase hunde sus raíces en la teología del Deuteronomio (cf. Dt 4:29-30; 30:2) con su insistencia en que Israel viva su relación con Dios con todo su ser. "con ayuno, con llantos y con duelo" no son en realidad tres cosas distintas, sino una sola, el aspecto visible del proceso de arrepentimiento. Sin embargo lo que pide el Señor, no son solo las manifestaciones exteriores (desgarrar los vestidos), sino el cambio interior (desgarrar el corazón). "Corazón", en el Antiguo Testamento, no se refiere tanto a los sentimientos cuanto a la mente, voluntad y conciencia, que tienen que obedecer fielmente a Dios. En v. 13b Joel les recuerda que el Dios con el que están tratando no es un dios cualquiera, sino el mismo que se reveló a Moisés como misericordioso y compasivo, y por eso usa las mismas palabras que YHWH utilizó para presentarse a este (cf. Éx 34:6-7). Se trata de una nueva referencia a la Alianza y al amor misericordioso de YHWH.

El profeta recuerda, sin embargo, que no se trata de un acto de magia, sino de relaciones interpersonales: el "¡quién sabe si volverá y se compadecerá!" subraya la libertad y soberanía de Dios. Como en cualquier relación interpersonal, ellos pueden pedir misericordia por sus pecados, pero esa misericordia es un don gratuito y libre, no les es debida.

En el v. 15 de nuevo se invita a tocar la trompeta en Sion (cf. 2:1), pero esta vez para ayunar y convocar a la asamblea para que vaya a suplicar a YHWH (vv. 16-17). De esta manera, el profeta recuerda los dos temas presentes en la primera parte del libro y su fortísima conexión: la desgracia como advertencia de YHWH y la necesidad de arrepentimiento. La primera lo que hace es subrayar la urgencia de la segunda. Lo crítico y urgente de la situación se advierte en que todos tienen que participar en el ayuno y la súplica: ancianos, niños, bebés, incluso los recién casados; los judíos no podrán ni siquiera consumar el matrimonio.

El contenido de la oración de los sacerdotes apela de dos formas a la santidad y fidelidad de YHWH, así como a su sentido de amor por su nombre: en primer lugar, le piden que no entregue su posesión personal ("heredad"), que es Israel, para ser deshonrada por extranjeros; en segundo lugar, que su poder para salvar a su pueblo no sea puesto en duda. El profeta sabe en definitiva que no puede pedir el perdón de Dios en virtud de las obras del pueblo, sino en virtud del amor de Dios a sí mismo (fidelidad, santidad) y a su pueblo.

La sección final (vv. 18-27) describe la respuesta de Dios a la oración del pueblo, que parece haber obtenido el resultado deseado, pues el v. 18 habla de que Dios "sintió añoranza de su tierra y se compadeció de su pueblo". Este oráculo tranquilizador tiene varios aspectos. En primer lugar el Señor promete el alivio en la necesidad (v. 19) y la prosperidad futura los compensará por lo que perdieron con las langostas (v. 25-26); en segundo lugar, librará del miedo al pueblo e incluso al suelo y a las bestias del campo (v. 20-21); finalmente, los librará de la vergüenza porque sabrán que él habita en medio de ellos y que no hay otro Dios (vv. 27).

Preguntas de repaso

1. ¿Cómo describe Joel la invasión de las langostas?
2. ¿Por qué se preocupa tanto Joel por la falta de ofrendas para el culto?
3. ¿Qué es lo que lleva al Señor a apiadarse y evitar castigar al pueblo?

Oración final (ver página 15)

Reza la oración final ahora o después de la *Lectio divina*.

Lectio divina (ver página 8)

Relájate y mantén una postura de oración (espalda recta, ojos cerrados, pies apoyados en el suelo). Este ejercicio puede durar cuanto guste, pero en el contexto de este estudio bíblico, de 10 a 20 minutos deberían ser suficientes.

Las meditaciones que siguen se ofrecen para ayudar a los participantes a usar esta forma de oración, pero hay que considerar que la Lectio está pensada para conducirlo a uno a un ambiente de contemplación orante donde la Palabra de Dios habla desde el corazón a quien la escucha (ver a la página 8 para más instrucciones).

Desastre total (Joel 1)

Joel presencia la devastación de la tierra e invita al pueblo a pedir ayuda a Dios. Él sabe que algunos no responderán a su invitación diciendo "Así están las cosas y no podemos hacer nada". Mucha gente piensa de igual manera cuando se enfrenta a situaciones de ese tipo en la vida, pero Jesús tiene un punto de vista diferente. Nos dice que llamemos, que la puerta se nos abrirá. Cuando oramos algo sucede siempre. Dios nunca dice "no". La respuesta a nuestra oración puede no ser exactamente la que esperamos, o quizá nunca la veremos, pero siempre será algo bueno, pues Dios nos ama. Puede que Dios no nos dé lo que pedimos, pero siempre responderá a nuestras necesidades.

Un nuevo inicio (Joel 2)

No podemos evitar la presencia del sufrimiento en nuestras vidas, pero sí podemos elegir, y eso es lo importante, cómo respondemos ante él. Las gentes del tiempo de Joel sufrían por el embate de un ejército de langostas que devoraban lo que encontraban a su paso en la tierra, dejándolos sin nada para comer o beber. Joel les guío, para que pudieran orar como un pueblo unido. La oración fue la respuesta a su sufrimiento y el Señor escuchó sus oraciones, enviándoles la lluvia de la mañana y de la tarde, lo que les permitió recoger una cosecha abundante de trigo, vino y aceite. Cuando confiamos en Dios y le ofrecemos nuestros sufrimientos como oración, todo ello se transforma en una súplica muy poderosa ante Dios para alcanzar sus bendiciones.

PARTE 2: ESTUDIO INDIVIDUAL (JOEL 3:1—4:20; AMÓS)

Día 1: El día del Señor (Joel 3:1—4:20)

El breve capítulo 3 de Joel será parafraseado por Pedro en Hch 2:14-41. El texto habla de un tiempo en el futuro en el que el espíritu del Señor será derramado sobre todo el pueblo haciendo que los hijos profeticen, los ancianos tengan sueños, los jóvenes tengan visiones y los esclavos reciban el espíritu. El significado es doble. Por un lado, el espíritu será dado en plenitud ("derramado") y, en segundo lugar, el don de profecía no será reservado para unos pocos, sino que muchos recibirán este carisma. Joel vio esto como el cumplimiento de las palabras de Moisés en Números 11:29: "¡Ojalá que todo el pueblo de Yahvé profetizara porque Yahveh les daba su espíritu!". Los signos son portentos realizados por Dios a favor de su pueblo (cf. sangre, Éx 7:17; fuego y humo, Éx 19:18; oscuridad. Éx 10:21). También sirven para indicar que, cuando Dios llega, todo se desencaja, dando a entender que la Creación misma no puede contenerlo.

El v. 5 concluye el oráculo diciendo que llegará el tiempo en el cual la salvación estará disponible para los habitantes de Jerusalén, pero solo si vuelven fielmente a YHWH.

En el capítulo 4, YHWH habla de restaurar la suerte de Judá y Jerusalén. El énfasis de la frase "en esos días, en aquel tiempo" y el hecho de que todos los pueblos serán reunidos indican que la profecía se refiere al juicio al final de los tiempos. Es una promesa de que todos los enemigos de Israel, pasados, presentes e incluso potenciales, serán juzgados. El "valle de Josafat" no es un lugar que se pueda localizar en el mapa, pues no aparece en todo el Antiguo Testamento; se trata más bien de un nombre simbólico, pues significa "YHWH ha juzgado". Las naciones serán castigadas por haber dispersado a Israel, "pueblo de Dios y su heredad" y haberse repartido sus tierras. Algunos de los pueblos son condenados por ofensas muy específicas contra Judá, como los filisteos que vendieron jóvenes judíos como esclavos a los griegos. La pregunta de YHWH "¿Me exigen una recompensa?" pone de relieve lo injustificado de esos crímenes contra Judá y por eso promete que la venganza llegará pronto ("muy pronto"); les pagará con la misma moneda, reunirá a los israelitas de donde los han dispersado y venderá los filisteos a los judíos que a su vez los venderán a otros pueblos que se los llevarán lejos.

El v. 10 "Forjen espadas de sus azadones y lanzas de sus podaderas" pide lo opuesto de la profecía que encontramos en Isaías 2:4 ("Forjen de sus espadas, azadones y de sus lanzas, podaderas"). Las dos frases miran hacia el futuro, pero mientras que Isaías refleja el deseo del hombre por la paz, el texto de Joel reconoce que a veces es necesario luchar para crear las condiciones necesarias que hagan posible la paz. Los vv. 12-14 presentan el día del juicio usando las metáforas de la cosecha y la vendimia, como hacen otros textos de la Escritura (cf. Is 17:4-6; 63:3; Os 6:11; Miq 4:13; Mc 4:29; Mt 13:39-40; Ap 14:20). La oscuridad a la que se refiere el v. 15 describe la llegada del día del Señor anteriormente anunciada.

La mención de Dios "que ruge desde Sion" presenta a YHWH con la imagen de un león que ruge victorioso desde su guarida. Los enemigos lo temen, pero su pueblo se siente protegido. Es la imagen de YHWH que juzga desde su Ciudad Santa a las demás naciones. La misma frase aparece en Amós 1:2 y es precisamente una de las pistas que los estudiosos encuentran de por qué estos dos textos fueron colocados uno al lado del otro. Cuando esto suceda, el pueblo sabrá que el Señor es verdaderamente el Dios de Israel que mora en Sion, su monte santo. Jerusalén será lugar santo y los extranjeros no volverán a pasar por ella. También anuncia una era de abundancia de frutos de la tierra. Encontramos este lenguaje en otras partes de la Escritura (cf. Am 9:13; Éx 3:8; Is 3:25) y representa una inversión completa del desastre descrito anteriormente. La imagen del manantial que sale del Tempo será desarrollada por Ezequiel (47:12) para indicar que la vida y la salud le vienen a Israel del Señor.

No todo es vino y leche en esta visión final. Aquellos que ejercieron violencia contra Judá, como Egipto y Edom, serán todo desolación. Los textos judíos posteriores al exilio se lamentan con frecuencia de Edom, su vecino del sur. Aquí, como en otros textos del Antiguo Testamento, se expresa la idea de que la justicia requiere venganza. Jesús rechaza esa idea en sus enseñanzas, pero la volveremos a encontrar en el Apocalipsis, un libro que tiene mucho en común con Joel, aunque en él la salvación no se espera para este mundo, sino para la nueva creación.

Lectio divina

Pase de 8 a 10 minutos en contemplación silenciosa del siguiente pasaje:

El día de Pentecostés, el Espíritu del Señor infundió valor a Pedro, que comenzó inmediatamente a predicar acerca de Jesús usando una profecía del libro de Joel (cf. Hch 2:16-21). El Espíritu del Señor no tocó solo el corazón de Pedro, sino también el de aquellos que lo escuchaban, de manera que pudieron entender su mensaje y pedir el Bautismo. Cada vez que alguien habla de Jesús, el Espíritu del Señor está activo en quien habla y en quien escucha. En Joel, el Señor promete derramar su espíritu sobre todo ser humano. En el mensaje de Pedro y la aceptación positiva de este por parte de la gente encontramos un ejemplo del Espíritu del Señor trabajando en el corazón de los que escuchan.

✠ ¿Qué puedo aprender de este pasaje?

Día 2: Oráculos contra las naciones (Amós 1:1—2:16)

El v. 1 del libro de Amós presenta a este como un pastor (criador de ovejas, propietario, en el texto hebreo, no el que camina detrás de ellas por los campos). Su nombre es una abreviación de Amasías (cf. 2 Cr 17:16) que significa "YHWH lleva" como alguien que carga a un niño en sus brazos.

Amós había nacido en el reino del Sur, en Tekoa, una aldea que se encuentra a unos 17 km al sur de Jerusalén, pero fue enviado a predicar al Norte. El v. 1 nos dice también que tuvo unas visiones durante los reinados de Ozías en Judá y de Jeroboam II en Israel, "dos años antes del terremoto", es decir, que comenzó su ministerio alrededor del año 760 a.C. y duró hasta el 750 a.C. aproximadamente.

El v. 2 se abre con la misma frase que hemos encontrado en Joel 4:16 y que representa a YHWH rugiendo como un león, desde Jerusalén. No podemos olvidar que está predicando al Reino del Norte, de esta manera implícitamente está declarando ilegítimos los santuarios levantados en Israel. La voz del Señor traerá sequía y desolación. Lo que sigue será una serie de oráculos de condena contra las naciones e Israel.

Amós 1:3—2.16 contiene ocho oráculos contra varias naciones (Damasco, Gaza, Tiro, Edom, Amón, Moab, Judá e Israel). Cada uno de ellos es introducido por la llamada fórmula del mensajero: "Así dice YHWH". Recibe este nombre porque era una frase oficial usada en el Medio Oriente Antiguo por los embajadores o mensajeros oficiales de los soberanos e introducía las palabras mismas del rey. De esta manera vemos que Amós se presenta como mensajero o embajador oficial de YHWH. El libro de Amós es el primero que hace uso de esta fórmula. Se piensa que es el libro profético más antiguo; los demás libros proféticos seguirán la tradición.

La disposición de los oráculos es interesante. El número 8 no tiene un especial valor simbólico, pero el 7 indica plenitud. Si los analizamos de cerca, nos daremos cuenta de que los nombres de los pueblos mencionados están colocados de acuerdo a su cercanía con Israel. Los primeros tres (Damasco, Gaza y Tiro) son naciones paganas sin relación con Israel; el segundo grupo está formado por 3 pueblos que son "primos" de Israel a través de Esaú y las hijas de Lot según el Génesis (Edom, Gn 36:8-10; Amón, y Moab, Gn 19:36-38). Tenemos luego a Judá y por último a Israel. Los oyentes de Amós estaban familiarizados con discursos organizados de acuerdo con un número simbólico, por lo que estarían esperando el séptimo oráculo, que debería ser el culminante. Aparentemente es así: el profeta se va acercando poco a poco a golpear su objetivo último, que según la lógica parece ser Judá, el enemigo más peligroso y cercano de Israel. Lo que los oyentes no esperan es que después de Judá, Amós ataque a Israel mismo. De alguna manera el mensaje es: si Dios condena a los pueblos que no tienen nada que ver con Israel, a sus "primos" e incluso a su hermano, más aún condena a Israel porque su culpa es mayor.

Otra característica de los oráculos es la figura del dicho numérico gradual y que se refiere a la frase "por tres crímenes de X y por cuatro, seré inflexible". Hay ejemplos semejantes en otros libros de la Biblia (cf. Prov 30:18-19, 29-31; Sir 26:5-6; 23:16-21). La diferencia en el caso de Amós es que no menciona los tres primeros crímenes, sino que va directamente al último, al de mayor magnitud. Lo que indica este recurso retórico es como si hoy dijéramos: "porque X ha cometido el colmo de los crímenes". Esa es la razón por la que se anuncia que YHWH será inflexible. Cada proclamación presenta crímenes atroces y violentos realizados en particular contra seres humanos.

Con el oráculo contra Israel se alcanza el clímax de la serie. Es también el más extenso (2:6-16) y puede dividirse en tres secciones: a) crímenes de Israel contra la Alianza en materia de justicia social (vv. 6-8); b) repaso histórico de lo que el Señor ha hecho por Israel y de su desobediencia (vv. 9-12); c) la sentencia de castigo (vv. 13-16).

Lectio divina

Pase de 8 a 10 minutos en contemplación silenciosa del siguiente pasaje:

Aunque el profeta habla de que el Señor castiga a las personas, en realidad son las personas quienes se castigan unas a otras. Las naciones traicionan sus alianzas y se hacen la guerra, destruyéndose entre sí. Hubo muchos en el pueblo de Israel que aunque creían en el Señor, pecaron contra su prójimo haciendo perder al pobre la dignidad, la libertad o la vida con tal de satisfacer sus deseos de lujos y placeres. Injusticia, avaricia y egoísmo han estado presentes desde el inicio de la historia del hombre.

✠ ¿Qué puedo aprender de este pasaje?

Día 3: Triple requerimiento a escuchar la palabra del Señor (Amós 3:1—5:6,8)

Este segundo bloque de material consiste en "tres palabras" dirigidas a Israel. Cada una de estas unidades comienza con la frase "escuchen esta palabra" (3:1; 4:1; 5:1), seguida por una serie de proclamaciones que revelan el extravío de Israel, la manera como Dios planea castigarlo por sus transgresiones y cómo lo ha castigado ya sin ningún resultado, puesto que no ha vuelto a él.

La primera unidad presenta a Dios completamente frustrado con Israel, que ha gozado de una relación especial con YHWH, puesto que fue rescatado de Egipto y pudo "conocerlo" de forma más íntima que las otras familias de la tierra y sin embargo Israel no vuelve a Dios ni deja la iniquidad. Sigue una serie de preguntas retóricas cuya respuesta implícita es "no". La finalidad de estas es poner de relieve cómo a una causa, le corresponde siempre un efecto. Eso servirá para apoyar la afirmación del v. 7: "porque nada hace el Señor Yahvé sin revelar su secreto a sus siervos los profetas". Es como decir: "Dios comunica sus planes a los profetas. Si yo estoy hablando es porque YHWH me lo ha revelado y cuando él revela, nadie se puede resistir a transmitir su mensaje". El profeta está ahí porque el Señor lo ha enviado, no por gusto o decisión personal y su palabra es palabra de Dios.

Los vv. 9-15 presentan el oráculo contra Samaría. El v. 9 lo introduce simulando un juicio en el que se convoca a los testigos, en este caso Asiria y Egipto, a que vean los crímenes y violencia que los líderes de Samaría ejercen en ella. El castigo es anunciado bajo la forma de una invasión (v. 11) de la que escaparán con dificultad unos pocos (v12). Amós usa la metáfora del pastor (Dios) que rescata solo una parte de la oveja atrapada por el león (Asiria). Se anuncia también la destrucción de los altares idólatras y de los palacios de los ricos, causantes de las injusticias.

La segunda unidad (4:1-13) inicia con un requerimiento a las mujeres de Samaría, a quienes irónicamente llama "vacas de Basan", al ser la región famosa por sus ganados cebados y sus frondosos pastizales (cf. Ez 39:18). Estas "vacas" empujan a sus maridos a oprimir a los necesitados para satisfacer sus apetitos, haciéndose así también opresoras ellas mismas. La metáfora prosigue en los siguientes versículos, describiendo cómo serán arrastradas con ganchos y con anzuelos de pescar. Se encuentran en algunos bajorrelieves asirios imágenes que muestran a prisioneros que son llevados con una cuerda atada a argollas o ganchos en los labios. Amós usa de forma maestra la metáfora de las vacas para anunciar que serán llevados prisioneros y al exilio. Los vv. 3-4 constituyen un grito amargo lleno de sarcasmo en el que YHWH les dice que vayan a sus santuarios idolátricos a realizar sus actos de culto, "pues eso es lo que les gusta", implicando con ello que no tienen ninguna eficacia. En cambio los vv. 6-11 enumeran las plagas que les ha mandado para que reaccionen y vuelvan a él (escasez, sequía, peste), pero ellos no han vuelto. Finalmente, el v. 12 conmina a Israel a que se prepare para enfrentar a su Dios.

El v. 13 consiste en un breve himno o doxología, que glorifica a Dios como creador y como aquel que "descubre al hombre cuál es su pensamiento". De esta manera el profeta recuerda a sus oyentes quién es el que tiene sus vidas en la palma de la mano. Su Dios, les recuerda Amós, es el "Señor de los ejércitos", refiriéndose a los ejércitos celestiales, y esto en contraposición a los ídolos que ellos adoran.

En la tercera unidad (5:1-6.8-9), Amós entona una elegía contra la casa de Israel. Este es un género literario que surgió en los funerales como forma de lamentación por la muerte de una persona y en la que se narraba su vida y su muerte. El hecho de que Amós la entone en contra de alguien que se supone que está aún vivo (Israel), significa que "es como si estuvieras ya muerto". Claramente, la finalidad de usar un elemento de este tipo es sacudir las conciencias. La elegía lamenta la caída sin esperanza de volverse a levantar de la "virgen de Israel" o, quizá mejor, "la virgen Israel", indicando con esta expresión el hecho de que Israel se encontraba en su mejor momento, aún por dar lo mejor de sí, al menos en la visión de sus habitantes. Hay que recordar que después de la invasión de Asiria, las tribus del norte prácticamente desaparecieron de la historia. Verdaderamente, Israel no se volvió a levantar. El v. 3 anuncia la razón del lamento: la población será diezmada, lo cual preanuncia la destrucción. YHWH exhorta al pueblo a buscarlo a él, para que puedan vivir (v. 4) y a no ir a los santuarios (v. 5), de esa manera pone de relieve que quien importa es él, no tanto los rituales o los santuarios; esos serán destruidos, pero él permanecerá. El v. 6 repite la exhortación a buscar a YHWH para evitar que caiga fuego sobre la casa de José, la que estaba formada por las tribus de Efraín y Manasés. La expresión es una forma de referirse al Reino del Norte, nombrando sus principales tribus e, implícitamente, los lugares donde estaban los santuarios de Guilgal y Bet-el. La destrucción por fuego era el castigo típico para la violación de la Alianza (cf. Dt 4:24).

Los vv. 8-9 contienen otro himno o doxología que alaba a Dios, que ha creado las estrellas y constelaciones, controla el día y la noche, y puede destruir al malvado no importando cuán poderoso o protegido este se crea. Las ironías del profeta dejan entrever que el pueblo pensaba que, en virtud de la Alianza, Dios los defendería sin importar las circunstancias. Este himno, anterior a Amós y que él cita, refuerza su argumento principal: YHWH puede venir a juzgar, no solo a rescatar a su pueblo.

Hay que añadir una nota aquí a propósito del orden de los versículos. En algunas traducciones de la Biblia (es el caso de la *Biblia de Jerusalén*, la cual utilizamos en este estudio bíblico), el v. 6 se coloca después del v. 9. para respetar el sentido del texto, pues está más de acuerdo con los tres "ayes" que comienzan a continuación.

Lectio divina

Pase de 8 a 10 minutos en contemplación silenciosa del siguiente pasaje:

La historia contiene muchas lecciones a propósito de imperios que llegaron a ser muy poderosos, pero que por la avaricia, el orgullo, la concupiscencia o el desprecio por el necesitado, terminaron colapsando. Israel y Judá fueron un tiempo naciones con un cierto poder y riqueza, pero por rechazar los preceptos del Señor cayeron en manos de sus invasores. La caída del invencible Imperio Romano en el siglo V d.C. sacudió la mentalidad de la época. Leyendo la trayectoria del pueblo de Israel y la caída de los grandes imperios de la historia, debemos preguntarnos cuánto puede durar una nación si no permanece fiel al Señor.

✠ ¿Qué puedo aprender de este pasaje?

Día 4: Tres "ayes" (Amós 5:7.10—6:14)

Los tres oráculos que componen esta sección comienzan con la exclamación de dolor "¡Ay!" (cf. 5:19 y 6:1). Se trata también de un grito de lamento asociado con los funerales y que cumple una función similar a la de la elegía en la unidad anterior.

En el primer ¡Ay! (5:7.10-17), Dios se lamenta porque Israel ha descuidado la justicia, la rectitud y la verdad. Lo condena por sus acciones que rompen la Alianza y explotan al pobre y al recto (vv. 10-13). En los vv. 14-17 les dice lo que tienen que hacer. YHWH los había invitado anteriormente a buscarlo a él (5:4). Ahora los incita a "buscar el bien y no el mal" para que vivan y que el Señor esté verdaderamente con ellos (5:14). Buscar al Señor significa buscar el bien y evitar el mal. Otra vez el profeta afirma que no se puede separar la fe en Dios de una conducta recta. El oráculo termina anunciando que habrá lamentación y llanto porque el Señor va a pasar por en medio de Israel. La expresión "pasar por" tiene la connotación de pasar dando su merecido a cada uno, castigando y aparece solo en Levítico 26:6, hablando de la espada que no pasara por la tierra.

El segundo ¡Ay! (5:18-27) es uno de los textos más desgarradores del libro. En él, el profeta presenta a Dios lamentándose por los que esperan el día del Señor y preguntándoles sarcásticamente en qué creen que consistirá. Demasiado confiados en la Alianza, los Israelitas veían en el "día del Señor" un día de liberación, como cuando YHWH los liberó de Egipto. Sin embargo, Amós les dice que habrá tinieblas, no luz, como ellos suponen. Dios manifiesta de nuevo que aborrece los sacrificios que se le ofrecen porque no caminan junto con el derecho y la justicia (vv. 21-24). Como prueba del valor relativo de los sacrificios para hacer de ellos su pueblo, Dios les dice que durante el período de la marcha por el desierto (tiempo en que Dios estuvo más cerca de ellos que nunca), ellos no ofrecían sacrificios. Los dos versículos finales (vv. 26-27) anuncian que tendrán que ir al exilio cargando a sus ídolos, que son la verdadera razón de su extravío.

En 6:1-14 el profeta se lanza contra los que se sienten seguros en Sion y los que confían en la montaña de Samaría. Aunque el texto no menciona expresamente de quiénes se trata, se puede presumir que el mensaje es para los privilegiados de la alta sociedad, tanto de Israel (Samaría) como de Judá

(Sion). Los acusa de permitir la violencia a causa de su actitud complaciente y auto indulgente. Describe cómo se dan a la buena vida, no se preocupan por la desgracia del pueblo (vv. 4-6) y les anuncia que irán al exilio (v. 7). Una de las acusaciones que les hace es la de "comer corderos del rebaño y terneros del establo". Para entender lo injusto de la situación hay que recordar que la mayor parte de la población probablemente comía carne como máximo tres veces al año, durante las fiestas principales. Los vv. 8-11 son un ataque contra el orgullo de los israelitas y un anuncio de castigo proporcionado: los reducirá a escombros y ruinas. Amós hace un par de preguntas retóricas que implican una respuesta negativa, pues son cosas absurdas. Eso le sirve para acusar a los israelitas de hacer incluso lo que parecía imposible: han sido capaces de convertir el derecho en veneno y el fruto de la justicia en ajenjo (planta sumamente amarga). Los vv. 13-14 muestran de nuevo el orgullo y autocomplacencia de Israel que presume de haber tomado dos ciudades (Lo-Debar y Carnáin) por sus propias fuerzas; ante eso el Señor anuncia que va a mandar una nación (Asiria) para que los oprima. Lo que intenta es demostrar que aunque ellos piensan que son fuertes e invencibles, en realidad es el Señor quien tiene todo en sus manos.

Lectio divina

Pase de 8 a 10 minutos en contemplación silenciosa del siguiente pasaje:

Los ricos de Israel recibieron muchos dones del Señor, pero los usaron para su propio disfrute, mientras engañaban al pobre para obtener más ganancias. YHWH estaba dispuesto a perdonarlos, pero ellos se rehusaron a perdonar a sus subordinados. A su tiempo, Dios entregaría esos servidores injustos a las torturas de los ejércitos invasores. El pueblo egoísta de Israel no se compadecía del prójimo en necesidad. Este texto nos enseña que el Señor no solo perdona nuestros pecados, sino que también nos colma de dones, pero no para que nos creamos mejores o más importantes que los demás, sino para que los pongamos al servicio del bien común, especialmente para ayudar al necesitado.

✠ ¿Qué puedo aprender de este pasaje?

Día 5: Visiones simbólicas (Amós 7:1—9:14)

Los dos últimos capítulos del libro contienen cinco visiones simbólicas que destacan la magnanimidad y paciencia de YHWH para con su pueblo y el castigo que vendrá infaliblemente sobre Israel como consecuencia de su obstinación en el pecado. Estas visiones reflejan la experiencia profunda del profeta y la actitud que adoptó en su predicación y ministerio, pues contienen su propio itinerario: de intercesor de su pueblo (primeras dos visiones) pasa a ser portavoz del juicio divino (tres últimas visiones). En medio de las visiones encontramos material perteneciente a otros géneros literarios, sobre todo oracular y biográfico.

Las cuatro primeras visiones están introducidas por la fórmula "esto me mostró el Señor" (7:1.4.7 y 8:1); la quinta, la más extensa, con las palabras "Vi al Señor" (9:1). Las dos primeras tienen una estructura semejante: el profeta ve una plaga mortal (langostas y sequía) que Dios prepara contra Israel; el profeta intercede por el pueblo; el Señor se arrepiente y no lleva a término el castigo. La tercera y cuarta visión requieren una interpretación que Dios mismo da. La quinta visión constituye el vértice de esta parte.

La primera visión (7:1-3) anuncia la llegada de un enjambre de langostas, lo que supone un desastre agrícola incontrolable que debería suceder "cuando empieza a crecer el forraje, el forraje que sale después de la siega del rey". La primera cosecha de grano era destinada al rey a modo de tributo (impuestos), solo la segunda cosecha, que crecía después de las lluvias tardías (abril), pertenecía a los campesinos y servía de alimento para ellos, sus familias y su ganado. El profeta prevé el desastre que eso supone para la población, intercede ante Dios y este le responde favorablemente. La Escritura nos presenta con frecuencia la posibilidad de que Dios escoja hacer algo distinto de lo que había planeado, respondiendo a una apelación o intercesión (Gn 18:22-32; Nm 14:11-20; Jos 7:6-13; 2 Re 22:19-20; Jr 18:1-10; Jon 3:10; Jl 2:13.14).

Con una descripción semejante, en la segunda visión (7:4-6), YHWH convoca un "juicio por fuego", que representa la sequía que consumirá la tierra. El "juicio por fuego" recuerda Deuteronomio 32:22. La gente y el ganado morirían de hambre. Amós intercede de nuevo y Dios tampoco castiga.

Tercera visión (7:7-9). El profeta ve al Señor que aplica una plomada a una pared. La plomada es una pesa (con frecuencia de plomo) atada a una cuerda que se aplica a los muros para ver si están rectos. YHWH le explica que va a aplicar una plomada en medio del pueblo. Por tanto, el mensaje de la visión parece ser que Dios va a examinar la rectitud de su pueblo. También parece estar presente un juego de palabras: en hebreo "plomo" se dice 'anak y "gemido" 'anaq. En ese caso el mensaje estaría no tanto en el objeto, sino en el juego de palabras: Amós ve "plomo" ('anak) y el Señor va a poner "gemido" en medio de su pueblo. A partir de esta visión, el profeta ya no intercederá más por el pueblo.

Los vv. 10-17 contienen un texto biográfico del profeta y un juicio de condena contra el sacerdote Amasías. Este había acusado a Amós ante el rey porque su mensaje era incómodo y le conmina a irse a Judá a profetizar y no hacerlo en Bet-el, santuario del rey. Recordemos que Amós es originario de Judá y está profetizando en Israel. Existían profetas y grupos de profetas oficiales, que con frecuencia eran pagados por el rey y servían como sus consejeros. Amasías dice a Amós que no puede ejercer su oficio en Israel porque no es de ahí. Amós responde afirmando que él "no era profeta, ni hijo de profeta", es decir, no pertenecía a la clase oficial de profetas, sino que fue el Señor quien le mandó a predicar. Por intentar impedir que Amós cumpla su misión, Amasías y sus hijos morirán, su mujer se prostituirá en la ciudad e Israel será exiliado.

En la cuarta visión (8:1-3) Amós ve un una canasta llena de frutos de verano. Aquí también el mensaje está en un juego de palabras, más que en el objeto visualizado. En hebreo "fruto veraniego" se dice qayits y "final" se dice qets. El v. 2 se puede traducir como: "¿Qué ves, Amós?" Yo respondí: "Una canasta de fruta veraniega (qayits)". Y Yahveh me dijo: "¡Ha llegado la madurez (qets) para mi pueblo Israel, ni una más le volveré a pasar!". El v. 3 describe en qué consistirá ese final: el final de la vida.

Amós 8:4-14 presenta un segundo juicio de condenación, esta vez contra los habitantes injustos de Israel. Los vv. 4-8 condenan a quienes observan las fiestas (el Sábado y la fiesta del inicio del mes), pero no ven la hora de que terminen para volver a oprimir y robar al pobre, vendiéndole incluso las sobras del grano. Las prácticas condenadas (achicar la medida, aumentar el peso y falsificar las balanzas) estaban específicamente prohibidas por la Ley (cf. Lv 19:35-36; Dt 25:13-15). "Comprar al pobre por un par de sandalias" significa adquirirlos como esclavos por un precio ridículo, una vez que los han reducido a la miseria. El Señor jura que nunca olvidará todo esto. Amós compara la ira de YHWH con un terremoto (v. 8); la tierra misma se rebela ante tanta injusticia. El Señor promete que les convertirá sus fiestas en luto y sus canciones en lamentos, y todo esto se manifestará en la naturaleza. La injusticia social afecta no solo las relaciones humanas, sino a toda la Creación. Para Israel pecado y sufrimiento estaban unidos; de acuerdo con su visión del mundo y su experiencia religiosa, la infidelidad a Dios, la ruptura de la Alianza, el olvido y transgresión de la Torah conducían al castigo divino en nombre de la justicia. En esencia, se pensaba que Dios golpearía a la tierra para castigar a la gente en un esfuerzo por restablecer la justicia y traerlos de nuevo a Dios por medio del arrepentimiento.

Quinta visión (9:1-10). Continúa la ira divina en esta sección. Esta visión es diferente de las anteriores pues salvo en 9:1a (donde Amós ve al Señor junto al altar) el contenido del resto no tiene nada de visual. Tampoco hay diálogo, ni preguntas, ni interpretaciones, solo un largo discurso del Señor. Los versículos 1-6 están en poesía, ampliada y comentada en prosa en los vv. 7-10.

Los vv. 1-4 presentan la "visión" propiamente dicha. Amós ve al Señor junto al altar dando la orden de sacudir el capitel y destruir el Templo, matando a todos. Nadie escapará de él, ni aunque pudieran bajar al Sheol o subir al cielo, o subir al Carmelo o bajar al fondo del océano. Ni siquiera la esclavitud o el exilio los librarán de la muerte.

En los vv. 5-6, Amós cita otro himno que canta el poder de YHWH sobre la naturaleza y los sucesos humanos. Él puede usar su poder tanto a favor como en contra de Israel. El himno le sirve de punto de partida a Amós para lo que le interesa comunicar. En otras palabras está diciendo: "Ese himno que ustedes conocen y que tanto les gusta muestra cómo Dios controla el universo e impone su juicio entre las naciones. Ustedes, sin embargo, han pensado que ese juicio les va siempre a beneficiar a ustedes y castigar a otros. Se tienen que dar cuenta de que también ustedes se merecen ser objeto de la ira de la que el himno habla".

Después de hablar en tercera persona singular en el himno, el texto vuelve de nuevo a la primera persona singular en los vv. 7-10. Es YHWH quien habla. Estos versículos en prosa especifican de qué manera Israel puede ser el objeto de destrucción por parte de YHWH en lugar de objeto protegido. Dos preguntas retóricas dan el lugar de Israel entre las naciones, en el sentido que no son diferentes de esas gentes. Los cusitas eran tribus africanas que vivían al sur de la segunda catarata del Nilo, es decir, se trataba de un pueblo lejano, prácticamente desconocido. YHWH dice a los israelitas que no son distintos de ellos. El hecho mismo del Éxodo no tuvo nada de especial, pues también los filisteos y los arameos tuvieron el suyo. El Señor anuncia que va a destruir al pueblo pecador, aunque no completamente. El v. 9 usa la imagen del cernedor que se usa para sacudir el trigo y separar las impurezas del grano. Las naciones serán como el cernedor en el cual Dios va a sacudir a Israel; los pecadores son como las impurezas que se quedan en el cernedor y no pasan con el grano bueno.

Epílogo: Amós 9:11-15. En esta última sección hay un cambio de tono. Tenemos aquí dos oráculos. En los versículos 11-12 Amós habla de restauración y esperanza. Como hemos visto, los oráculos de salvación no anuncian el premio a una buena conducta (al contrario de lo que pasa con los oráculos de condenación que anuncian castigo por el pecado), sino que la restauración de las bendiciones divinas es completamente resultado de la gracia divina y no demandan otra cosa que la decisión de volver a Dios y ser obedientes (cf. Dt 4:29-30; 30:1-3). "La cabaña de David" puede referirse tanto a la dinastía davídica como a la ciudad de David, Jerusalén, o incluso al imperio de David, dado que también se menciona a Edom.

Los vv. 13-15 prometen una alianza renovada entre Dios y la tierra, entre Dios y el pueblo, y entre el pueblo y la tierra. Dios promete una bendición de abundancia de frutos de la tierra. YHWH los hará volver a su tierra y no serán nunca más arrancados del suelo que él les dio.

Lectio divina

Pase de 8 a 10 minutos en contemplación silenciosa del siguiente pasaje:

Jesús contó una parábola en la que se separaban los corderos de los cabritos, indicando con ello la separación que hará entre los buenos y los malos. Jesús dice a los buenos que heredarán el reino de los cielos. Por otro lado, Jesús dice a los malvados que se alejen de él. Les dice que estuvo hambriento, sediento, fue extranjero, estuvo desnudo, enfermo y en la cárcel, y ellos no se preocuparon por él. Concluye diciendo "lo que no hicieron a uno de estos pequeños, a mí no me lo hicieron" (Mt 25:45).

Cuando el Señor mandó a Amós a que hablara a su pueblo, él les advirtió que no engañaran o se aprovecharan de los desvalidos. Dios condena a los que hacen daño o se aprovechan de los desvalidos. De la misma manera que Jesús se identificó con los pobres y desvalidos en el Evangelio, así se identificó el Señor con los necesitados en el libro de Amós. Como tratamos a los pobres, así tratamos al Señor.

✠ ¿Qué puedo aprender de este pasaje?

Preguntas de repaso

1. ¿Qué quiere decir Joel con "el día del Señor"?
2. ¿Por qué el Señor pronuncia un oráculo contra las naciones en los capítulos 1 y 2 del libro de Amós?
3. ¿Cuál es la preocupación principal del Señor en cada una de las tres llamadas de atención?
4. ¿Cuál es la preocupación principal del Señor en cada una de las lamentaciones lanzadas sobre el pueblo?

Libros de Jonás, Abdías y Miqueas

Al final de los tiempos, el monte del templo de Yahvé se asentará en la cima de los montes y se alzará por encima de las colinas. Acudirán a él los pueblos (Miq 4:1).

Oración inicial (ver página 14)

Contexto

Parte 1: Jonás. El libro de Jonás es diferente de los otros libros del género profético; no es una colección de oráculos del Señor proclamados por un elegido para darles voz, sino la narración (a veces en tono humorístico) de las aventuras de un profeta desobediente que termina por aprender que de la voluntad de Dios nadie puede escapar. La historia parece tener sus fuentes en cuentos y leyendas acerca de un profeta que vivió mucho tiempo antes de cuando el relato lo coloca. El libro emplaza esta fábula fascinante en el siglo VIII a.C., cuando Asiria era la potencia dominante del Oriente Medio. Sin embargo, la lectura atenta del texto cuestiona esta datación pues varias pistas sugieren que la época más apropiada para colocarlo es después del exilio.

En la narración, el Señor escoge a Jonás para que vaya a predicar a las gentes de Nínive, capital del imperio asirio, que habían causado inmensos sufrimientos al pueblo de Israel durante el siglo VIII a.C.

Tratando de eludir la orden del Señor, Jonás huye en dirección opuesta y se encuentra en un barco en medio de una tormenta donde tiene que admitir ante los aterrorizados marineros que está escapando de Dios. Estos tiran a Jonás por la borda y un gran pez lo engulle para después vomitarlo en tierra firme. Finalmente, Jonás predica en Nínive y la gente se arrepiente. La moraleja (mensaje) que esta historia transmite, es que Dios ama y se preocupa por todos los pueblos, no solo por Israel.

Parte 2: Abdías y Miqueas. El libro de Abdías, que en el orden canónico de la Biblia aparece antes del de Jonás, es el más corto de los Profetas Menores. De autor desconocido, se ocupa de las conflictivas relaciones de los israelitas con Edom (descendientes de Esaú). Después de que los babilonios destruyeran Jerusalén y exiliaran a muchos de sus habitantes, Edom se aprovechó de la situación para invadir Judá. El libro describe la represalia de YHWH hacia Edom y la bendición a los deportados de Israel sobre el monte Sion (Jerusalén).

El libro de Miqueas consiste en una colección de discursos y proclamaciones atribuidos al profeta Miqueas, que vivió durante el tiempo del primer Isaías, antes de la invasión babilonia de Jerusalén del 587 a.C. Como Isaías, Miqueas está familiarizado con la elección de los israelitas, pero rechaza la idea de que esa especial elección garantice la seguridad de la ciudad. Algunas partes de la obra, como sucedió con otros libros proféticos, fueron fuertemente editadas por escritores posteriores. Miqueas centra su atención en la situación de Judá, bajo inminente amenaza de invasión babilónica y del exilio que el pueblo de Judá tendrá que soportar como castigo del Señor, pero asegura que luego vendrá la salvación. Anuncia que el Señor juzgará los pecados del pueblo, pero termina con una nota positiva diciendo que el Señor los perdonará.

PARTE 1: ESTUDIO EN GRUPO (JONÁS)

Lea en voz alta el libro de Jonás.

1:1-16 Desobediencia y fuga de Jonás

La primera línea del libro presenta a YHWH que habla a Jonás, hijo de Amitay. Se podría pensar que se refiere al profeta Jonás, hijo de Amitay, que predicaba en el Reino del Norte bajo Jeroboam II (786-746 a.C.), mencionado en 2 Re 14:25. Sin embargo, por el propio texto no parece ser así y es más probable que el autor escogiera usar ese nombre para adjudicarle los hechos narrados a un profeta conocido (nótese que en nuestro libro nunca se le da el título de "profeta" a Jonás).

Dios le manda a Jonás que vaya a predicar a Nínive, capital del imperio Asirio, paradigma de todos los vicios y maldades para un israelita. Este mandato pone de relieve cómo YHWH es Dios de todos los pueblos. Tras un inicio clásico para un libro profético, enseguida (v 3) aparece la primera de una serie de situaciones paradójicas de marcado tono irónico: los auténticos profetas que encontramos en los otros libros se ponen manos a la obra en cuanto Dios les manda algo (cf. Os 1:2-3), y Amós nos ha recordado "Habla el Señor Yahvé, ¿quién no profetizará?". Pero Jonás, en cambio, hace todo lo contrario: no solo no obedece, sino que sale huyendo hacia el otro extremo del Mediterráneo. Tarsis (Tartesos) era el nombre de un importante puerto comercial fenicio en lo que hoy es Andalucía (España).

Otras ironías presentes: Jonás trata de "alejarse de YHWH" cuando él mismo sabe que su poder llega a todos lados y que "hizo el cielo y la tierra" (v. 9); los marineros parecen tener una devoción más sincera que el mismo Jonás, quien se desentiende de todo y se pone a dormir. En este capítulo, Dios es retratado como quien tiene el control del viento, el mar, las creaturas y los eventos.

2:1-10 La oración de Jonás

La narración adquiere un tono hiperbólico cuando "YHWH hace que un gran pez (no se menciona ningún animal marino en concreto) se trague a Jonás" y que este permanezca en su interior durante tres días y tres noches

(2:1). Jesús menciona en los evangelios de Mateo y Lucas esos tres días y tres noches como un signo de su muerte y resurrección (cf. Mt 16:4; Lc 11:29). Independientemente de la verosimilitud de la historia, el mensaje que el autor quiere transmitirnos es que YHWH es quien controla la creación, e incluso puede servirse de un monstruo marino para salvar a Jonás de morir ahogado.

La oración de Jonás es una acción de gracias mosaico de las que encontramos en algunos salmos (cf. Sal 18; 30; 32; 116; 118). Irónicamente, las amenazas a las que se refiere Jonás son reales (verdaderamente es arrastrado por la corriente, envuelto por las aguas, en el vientre del abismo) mientras que, normalmente en los salmos los peligros naturales (las aguas profundas, los animales que atacan) suelen ser metáforas de otro tipo de peligros. Por un lado, esta oración demuestra cómo la experiencia en el vientre del pez ha hecho cambiar a Jonás; por otro lado, la escena está presentada con un fondo de humorismo.

3:1—4:11 El arrepentimiento de los ninivitas

Después de que el pez hubo vomitado a Jonás en tierra firme, el Señor le ordenó de nuevo ir a Nínive. Aunque parecido al mandato de 1:2, encontramos sin embargo una diferencia: en el primero Dios le comunicó lo que tenía que decir ("proclama contra ella que su maldad ha subido contra mí"), en el segundo caso no especifica el contenido del mensaje, solo le dice que anunciará lo que él le comunique. En 1:2 Jonás se rebeló, quizá intuyendo la intención de Dios de perdonar a la ciudad, en 3:3, en cambio, parece obedecer ("se preparó y marchó"). En realidad, Jonás retrasó su desacuerdo hasta después de haber comprendido el significado de su misión. Nótese también que en el anuncio de Jonás a Nínive no aparece la habitual invitación a la conversión, sino solo la amenaza de destrucción. Más aún, el único mensaje del profeta en todo el libro está constituido por estas cinco palabras en hebreo "aún cuarenta días y Nínive será destruida". Luego nos enteraremos que eso es precisamente lo que quiere el profeta y por eso su desconcierto ante la reacción de los ninivitas.

A propósito de Nínive se dice que "era una ciudad grande con un recorrido de tres días". Por ese verbo en pasado "era" los estudiosos entienden que el relato fue puesto por escrito mucho tiempo después de que sucediera lo narrado, cuando Nínive ya no existía (después del 612 a.C.). También los tres días de marcha necesarios para visitarla parece exagerados, por ir en contra de los descubrimientos arqueológicos, que muestran una ciudad mucho más pequeña de lo que esas dimensiones indican.

La reacción de los ninivitas es inmediata e incluye a todas las clases sociales (incluso los animales participan). Se trata de otra exageración para poner de relieve la sinceridad e integridad de la conversión operada en la ciudad, aun a pesar de lo sucinto del mensaje de Jonás. Al ver esto, YHWH "se arrepintió del castigo que había anunciado contra ellos, y no lo ejecutó". Es la única vez en los libros proféticos que Dios cambia de parecer porque el pueblo se convierte...

En el capítulo 4, Nínive queda en segundo plano y volvemos a tener en el centro del escenario a YHWH y Jonás, que son verdaderamente los protagonistas del libro. Otra ironía: la reacción de Jonás no deja de ser paradójica, pues es el único profeta que ante la conversión de su audiencia, ¡se disgusta y enoja! Normalmente los otros profetas sufrían precisamente por lo contrario, porque no eran escuchados. Este es el punto álgido del relato. Finalmente Jonás expresa con claridad el motivo de su fuga. Se presenta como un creyente auténtico que reflexionando ante los eventos proclama la verdadera razón de sus acciones: "sabía que tú eres un Dios clemente, compasivo, paciente y generoso, que se arrepiente del castigo". Estas palabras se inspiran en la solemne declaración de YHWH a Moisés (Éx 33:18; 34:6-7), pero en lugar de expresar alegría por la misericordia de Dios, las palabras están llenas de reproche. Jonás es incapaz de entender que Dios pueda ser misericordioso con Nínive, epítome de la maldad. No le indigna que Dios sea bondadoso, sino que lo sea con los ninivitas. Siente como ofensa personal y como traición hacia los fieles del Señor, que su misericordia vaya dirigida hacia el odiado enemigo.

A pesar de la conversación anterior con YHWH, el profeta parece esperar todavía la destrucción de la ciudad. Dios todavía tiene un signo de benevolencia hacia él: hace crecer rápidamente un ricino en el tejadillo de su choza para que lo proteja del sol. Este gesto llena de alegría a Jonás. Sin embargo, cuando la planta se seca, el profeta manifiesta su deseo de morir. Ante lo patético de su reacción, el Señor le pregunta: "¿Te parece bien irritarte por ese ricino?". Su respuesta revela la mezquindad y el egoísmo que ha animado a Jonás durante todo el relato: "¡Sí, me parece bien enfurecerme hasta la muerte!" (4:9). La narración termina de forma brusca con las razones que mueven a Dios a tratar no solo a los hombres, sino a todas las creaturas, con misericordia (4:10). Tomando en cuenta la obstinación de Jonás, el Señor ni siquiera espera respuesta.

La historia de Jonás es una parodia altamente simbólica en la que el protagonista se presenta como la antítesis de un verdadero profeta de YHWH: desobediente, obstinado, egoísta y mezquino. La ironía y el sarcasmo están destinados a ridiculizar una tal actitud que lo único que revela es la falta de conocimiento del verdadero corazón de Dios, que es amor y misericordia. La obra estaba destinada a hacer reflexionar a aquellos judíos que, a la vuelta del exilio, rechazaban todo contacto fuera de su comunidad, por miedo a perder la propia identidad. No podían comprender que YHWH también podía ser el Dios de los demás pueblos y les tuviera reservada su misericordia. El autor está convencido de que Dios ha confiado a su pueblo la misión universal de conducir a todas las demás naciones a la verdadera fe y al conocimiento del único Dios.

Preguntas de repaso

1. ¿Por qué Jonás y el Señor discrepan a propósito de la predicación del mensaje de YHWH a los ninivitas?
2. ¿Qué tema encuentra usted en la oración de Jonás en el capítulo 2?
3. ¿Cuál es el mensaje de la planta que da sombra a Jonás?

Oración final (ver página 15)

Reza la oración final ahora o después de la *Lectio divina*.

Lectio divina (ver página 8)

Relájate y mantén una postura de oración (espalda recta, ojos cerrados, pies apoyados en el suelo). Este ejercicio puede durar cuanto guste, pero en el contexto de este estudio bíblico, de 10 a 20 minutos deberían ser suficientes. Las meditaciones que siguen se ofrecen para ayudar a los participantes a usar esta forma de oración, pero hay que considerar que la Lectio está pensada para conducirlo a uno a un ambiente de contemplación orante donde la Palabra de Dios habla desde el corazón a quien la escucha (ver a la página 8 para más instrucciones).

Desobediencia y fuga de Jonás (1:1-16)

Enviando a Jonás a Nínive, el Señor da una muestra de la universalidad de su amor, al mostrarse misericordioso, incluso con aquellos que oprimían a los israelitas, su pueblo elegido. Jonás, el profeta recalcitrante, intentó escapar del Señor, para no cumplir un mandato para él inconcebible. La historia nos enseña que cuando el Señor elige a una persona para una misión, es inútil intentar zafarse de ella. Él se sirve de toda clase de medios, humanos (como los marineros), naturales (como la tormenta) e incluso sobrenaturales para conseguir que la persona acabe por cumplir su voluntad.

✠   ¿Qué puedo aprender de este pasaje?

La oración de Jonás (2:1-10)

La oración de Jonás puede encontrar resonancia hoy en aquellas personas que tienen que aprender a confiar en Dios en situaciones difíciles. Jonás habla al Señor de las aguas que le rodean, arrastrándolo a las profundidades. Cuando las personas en nuestro mundo moderno experimentan ansiedad o preocupaciones, sienten como si se estuvieran ahogando en sus problemas y reaccionan gritando al Señor que los saque de esas situaciones. Jonás se siente prisionero, al borde de la muerte, sin esperanza de salvación, y sin embargo reconoce que el Señor le ha ayudado en su necesidad. El mensaje del autor de la historia de Jonás es de confianza y esperanza en el Señor, que nos ama.

✠   ¿Qué puedo aprender de este pasaje?

El arrepentimiento de los ninivitas (3:1—4:11)

Jonás permaneció leal al Señor, pero no fue capaz de actuar con su compasión y misericordia. Hoy en día seguimos viendo personas que actúan como Jonás; no basta con permanecer fieles a las reglas de nuestra fe, es necesario aprender a vivir el amor y el perdón desde el corazón, siguiendo el ejemplo de Jesús. Dios quería ese amor y perdón de parte de Jonás y espera encontrarlo en todos los cristianos.

✠   ¿Qué puedo aprender de este pasaje?

PARTE 2: ESTUDIO INDIVIDUAL (ABDÍAS, MIQUEAS)

Día 1: Edom y Judá (Abdías)

El libro de Abdías (que en hebreo significa "siervo o adorador de YHWH") es el más breve de la Biblia hebrea (21 versículos) y se encuentra colocado en la lista de los profetas menores justo después de Amós, probablemente por la referencia a Edom con la que concluye ese libro.

El libro contiene un tema único: es una fuerte invectiva contra el pueblo de Edom (Idumea), que vivía al sureste de Israel, en la actual Jordania. La tradición bíblica remonta sus orígenes hasta Esaú, el hermano gemelo de Jacob, siendo por tanto "primos" de los israelitas. El texto puede dividirse en dos partes. Los versículos 1-14 consisten en oráculos de venganza contra Edom por los agravios cometidos contra Judá. Los versículos 15-21 predicen una sentencia más general contra todas las naciones, seguida por la restauración de Judá.

De Abdías solo sabemos su nombre. Se trata de la sobre-inscripción más corta de todos los libros proféticos. Aunque la profecía es referida como "visión", no se describe ninguna visión como tal. Esta palabra se usa en algunas ocasiones para indicar "revelación" en sentido general.

Abdías 1:1b-9 contiene el primer oráculo que anuncia la inminente destrucción de Edom por medio de las naciones a quienes el Señor convoca para que le hagan la guerra. Esta primera acusación se ajusta a un esquema que aparece con frecuencia en los libros proféticos: los que por su orgullo se creen en las alturas, serán precipitados a los abismos (cf. Is 14:12-20; Ez 27—28). La referencia a las grietas de las rocas y la comparación con el águila se refiere al terreno montañoso de Edom. Su arrogancia se refleja en su sentimiento de superioridad respecto a Judá después de que esta había sido destruida por los babilonios.

Los vv. 5-7 describen una destrucción detallada de Edom. El profeta usa preguntas retóricas para presentar su mensaje. ¿Roban los ladrones con medida? ¿Dejan uvas los vendimiadores? La respuesta es no, pues ambos tratan de llevarse todo. De esa manera, los tesoros de Edom serán completamente saqueados. Hasta los supuestos aliados o amigos se aprovecharán de las circunstancias para quitarle sus posesiones. Nótese que precisamente eso es lo que hizo Edom con Judá, aprovecharse de su debilidad. Los vv. 8-9 anuncian el exterminio de los líderes (sabios y guerreros). Edom era conocido por su sabiduría (Elifaz, amigo de Job, era de Temán; Jeremías 49:7 pregunta: "¿No hay más sabiduría en Temán?").

Los vv. 10-14 explican las razones por las que se anuncia la destrucción de Edom. La crítica que Abdías hace de Edom se basa en su supuesto parentesco con Israel: siendo hermano de este, no solo no lo ha ayudado en los momentos de dificultad, sino que se ha aliado con sus enemigos para destruirlo y saquearlo (vv. 10-11). También le conmina a no alegrarse por la desgracia de su "hermano" (vv. 12-14). Sabemos que las relaciones entre Edom y Judá empeoraron a partir de esa época; el relato de Abdías ofrece una buena razón para ello.

La segunda parte del libro está formada por los versículos 15-21. Se inicia (vv. 15-16) con el anuncio de condena de las naciones y de salvación para Israel. Abdías describe ese evento como la llegada del día del Señor. Se trata de una perspectiva completamente opuesta a la expresada por Amós, quien insiste en que Israel será el sujeto primario del juicio de YHWH. El castigo a las naciones será estrictamente del tipo "ojo por ojo, diente por diente", es decir, se les hará lo mismo que esos pueblos han hecho a Jerusalén. El juicio es contra todas las naciones, pues como sucede en otros textos proféticos posteriores al exilio, Abdías considera todas las naciones hostiles a Israel y dignas de castigo. Esta perspectiva es sin duda exagerada pero perfectamente comprensible; dadas las circunstancias históricas, el profeta encontraba difícil creer que Judá pudiera confiar en alguna nación.

La imagen (beber) del v. 16 alude a la "copa de la ira del Señor", presente en otros textos proféticos (cf. Is 51:17-23; Jr 25:15-29). Beber de esa copa significa sufrir las consecuencias de enojo del Señor que "cambia todo en desolación, pasmo, rechifla y maldición" (cf. Jr 25:18). El punto clave en este oráculo es que, mientras Jerusalén bebió en el Monte Santo de esa copa por un tiempo, las naciones beberán sin cesar hasta desaparecer ("y serán luego como si no hubiesen sido"). Si el pueblo elegido ha tenido que sufrir el juicio por parte de Dios, más aún lo sufrirán los otros pueblos. Esta es una idea presente en otros textos del Antiguo Testamento (cf. Sal 75:9; Jr 51:39.57).

Los vv. 17-21 anuncian la salvación de Sion (Jerusalén). Dios promete que, mientras los demás pueblos desaparecerán, en Jerusalén habrá supervivientes y será, otra vez, lugar santo. Esta frase es citada por Joel como palabra de Dios (3:5), lo que hace pensar a algunos autores que Joel conoció el texto de Abdías. El v. 18 vuelve a la destrucción de Edom comparando a Israel con un fuego que consume una estopa (imagen de Esaú). Normalmente es al Señor a quien se compara con el fuego que consume (cf. Mal 3:2). Mientras que un resto de Judá se salvará, no le quedarán sobrevivientes a Esaú.

Los vv. 19-20 prevén la reapropiación de la tierra, que es considerada como una especie de restauración básica. Los Israelitas tomarán posesión de las ciudades que rodean a Judá y la mayor parte de la tierra de los cananeos. El pueblo de Judá, que liberó la tierra del enemigo, subirá al monte Sion para juzgar el monte Esaú. El texto termina afirmando que entonces el reinado será de YHWH. En este aspecto, el texto vuelve a uno de los puntos de la teología pre-exílica de Judá (cf. Sal 2). Sin embargo, esta visión de la futura gloria de Judá y Jerusalén está un poco empañada por el resentimiento para con las demás naciones y, especialmente, contra Edom. Dicho resentimiento es comprensible dadas las circunstancias, aunque no justificable.

El libro de Abdías es un testigo histórico de primer orden de los sufrimientos y tensiones de los judíos que quedaron después de la caída de Jerusalén. Es frecuente que el resentimiento y el deseo de venganza ahogue el corazón de los pobres de la tierra, especialmente aquellos que han sido aplastados y humillados. Esta profecía es un grito que sale desde lo más hondo del corazón, pero que tiene que ser leído a la luz de Jesucristo para templar sus excesos.

Lectio divina

Pase de 8 a 10 minutos en contemplación silenciosa del siguiente pasaje:

Cuando Judá pasaba por su momento más difícil, los edomitas se aprovecharon de su debilidad y se apropiaron de una parte de su tierra. Más tarde Edom sería destruido de la misma manera, pero al contrario de Judá, Edom no sobrevivió, sino que desapareció de la historia. Podríamos hacer un listado de naciones, reyes y personas muy poderosas en su momento, pero de los que hoy nadie se acuerda. La última línea de la historia ya está escrita, está en la última línea del libro de Abdías donde nos dice que "el reino será del Señor" (1:21).

Jesús, nuestro Señor, que vivió y predicó en un espacio reducido del mundo, es el Rey de reyes, el Señor que cambió completamente la dirección de la historia de la humanidad.

✠ ¿Qué puedo aprender de este pasaje?

Día 2: Oráculos de castigo (Miqueas 1:1—3:12)

El inicio del libro de Miqueas nos dice que provenía de Moréset, una aldea en las colinas de Judá, no lejos de Jerusalén. Su nombre significa "¿Quién es como YHWH?". Miqueas profetizó durante los reinados de tres reyes de Judá: Jotán, Ajaz y Ezequías (entre 759 y 687). Es contemporáneo de Isaías de Jerusalén. Declara que la palabra del Señor vino sobre él y tuvo visiones relacionadas con Samaría y Jerusalén.

Miqueas profetizó en el período en que los ejércitos asirios asolaban la región y su mensaje está pensado para evitar el desastre haciendo que el pueblo se convierta de sus pecados. En tiempos posteriores será recordado su éxito, al menos por cuanto se refiere a Jerusalén (cf. Jr 26:18-19). El relato de la salvación de Jerusalén se encuentra en 2 Reyes 18—19 e Isaías 36—37.

Las palabras de Miqueas comienzan con una invitación a las naciones a que sean testigos del juicio de Dios. Se trata del género literario conocido como "juicio de alianza", que ya hemos visto. El profeta afirma que toda la tierra pertenece a YHWH. Es interesante notar que el juicio es "contra ustedes", es decir, contra las naciones mismas. Esto parece indicar que cuando Dios juzga a su propio pueblo, todas las naciones están implicadas de algún modo. Miqueas ve al Señor que juzga desde su Templo Santo y luego sale de él. Los montes a su paso se derriten y los valles se agrietan. La tierra no puede contener al Santo y terrible. El Señor presenta cargos específicos contra Samaría y Jerusalén (v. 5).

En 1:6-7 se anuncia la sentencia contra Samaría, condenada a la destrucción total, hasta no dejar piedra sobre piedra. Aparece también aquí la metáfora de la prostitución para referirse al pecado de idolatría practicado en Samaría.

Los vv. 8-9 son una lamentación por Samaría, porque su herida es incurable y porque ha contagiado a Judá y Jerusalén. Estos versículos sirven como conexión entre el oráculo contra Samaría y el siguiente (vv. 10-16) contra

Jerusalén. En este último, el profeta se lamenta por la suerte de doce ciudades de Judea (desde Gat hasta Jerusalén). Todo el oráculo está basado en juegos de palabras sobre los nombres de las ciudades. Se comienza con Gat citando la lamentación de David sobre Saúl y Jonatán: "No lo anuncien en Gat" (2 Sm 1:20). La siguiente frase en hebreo suena bakô al tibkû, que la *Biblia de Jerusalén* traduce "en Cabón no lloren". Para poder captar los juegos de palabras es necesario leer el texto en su lengua original. El contexto histórico parece ser el de la campaña asiria contra Judá del 701 a.C. El lector puede fácilmente imaginarse a la armada asiria avanzando desde la costa hasta Jerusalén tomando cada una de las ciudades mencionadas.

El capítulo 2 inicia con el típico grito de lamento fúnebre "¡ay!". Miqueas se dirige a los poderosos de Samaría y los llama planificadores de iniquidad que conspiran por la noche en sus lechos y ejecutan sus planes por la mañana sin que nadie los pueda detener. En el v. 2 menciona cuáles son las injusticias que han cometido. Los vv. 3-5 son un anuncio de castigo compuesto por la proclamación solemne del castigo (2:3), una predicción de desastre (2:4) y una amenaza (2:5). En 2:1-5 se deja claro que Dios ejerce su poder a favor de quienes han sido pisoteados por otros. Lo mismo que ellos han hecho, les será hecho: en 2:1 ellos planean maldades, en 2:3 Dios planea contra ellos; en 2:2 ellos roban campos, casas y herencias, en 2:3 a ellos les quitarán sus campos y posesiones.

Los vv. 6-11 son lo que se llama una "disputa o discusión profética". Dios habla por medio del profeta y cita a los adversarios de este. El texto describe la tensión que existe en las relaciones entre Dios y algunos israelitas a causa de su actitud altanera (2:6) y de sus acciones injustas (2:8-9). Las preguntas retóricas que encontramos en el v. 7 ponen de relieve lo mucho que se han alejado de YHWH. El castigo será le expulsión de la tierra, la tierra no les dará lugar de reposo (2:10). La unidad termina con un sarcasmo de YHWH que responde a la objeción presentada en el v. 6 por gente que no quiere oír una auténtica voz profética.

El tono del mensaje cambia con una proclamación de salvación (vv. 12-13), la cual promete que Dios cuidará a los exiliados del "resto de Israel". En este texto "Jacob" no se refiere al Reino del Norte, sino a Judá en cuanto "resto" de Israel.

El capítulo 2 hace varias afirmaciones. En primer lugar, la comunidad a la que se dirige lucha entre la amenaza (vv. 2-11) y la promesa divina de restauración (vv. 12-13). En segundo lugar, incluso aquellos que están cerca de YHWH son culpables de pecado y deben asumir las consecuencias de sus acciones. Tercero, puesto que la tierra es un don de Dios, los derechos y los límites de los demás deben ser respetados. Cuarto, no se debe usar el poder y la riqueza para explotar a los demás. Por último, el Dios de Israel es un soberano que no tolerará la apostasía o la idolatría; el Dios de Israel es un Dios de justicia, que no soportará la injusticia.

El capítulo 3 es un oráculo de condena contra los líderes de Israel. Su responsabilidad principal es que han descuidado su deber de administrar justicia (v. 1) y, en cambio, se han aprovechado de aquellos a los que debían proteger (v. 2-3). Estos versículos usan, además, una imagen muy cruda: la matanza, preparación, cocción y consumo de carne humana para describir la explotación cometida por los líderes. Su maldad es tan grande que el Señor rehusará responderles cuando griten a él (v. 4).

A continuación, Miqueas ataca a los profetas de Israel (vv. 5-7). Los acusa de extraviar al pueblo con sus falsas profecías. Han corrompido su misión buscando su satisfacción personal y su propia ganancia porque anuncian la paz a los que les dan de comer, pero atacan a quienes no les dan nada (v. 5). Su castigo será que Dios no les hablará más y quedarán en ridículo (v. 6-7). En contraste, Miqueas sabe que es el espíritu de Dios quien lo guía a la hora de denunciar el pecado del pueblo.

En la última parte del capítulo 3 (vv. 9-12), Miqueas arremete de nuevo contra los jefes políticos y religiosos de Israel repitiendo las mismas acusaciones de antes: ellos aborrecen la justicia, tuercen el derecho, edifican la ciudad con crímenes y sangre, y todo para conseguir ganancias personales traicionando su misión. La afirmación de que "aborrecen la justicia" contrasta vivamente con lo que se dice de Miqueas, que "está lleno de justicia" (v. 8). La consecuencia es que ni los líderes ni la Ciudad Santa escaparán a la retribución divina (v. 12). Entre todas estas duras predicciones existe, sin embargo, un detalle que se abre a la esperanza: el anuncio de que "Sion será un campo que se ara" significa que habrá una nueva siembra.

Lectio divina

Pase de 8 a 10 minutos en contemplación silenciosa del siguiente pasaje:

Los pueblos necesitan líderes justos que protejan los derechos de las personas. Por desgracia, no todos los gobernantes son virtuosos. Sin un líder fiel y comprometido, una nación fácilmente se convierte en un lugar de pecado, lleno de gente que abusa, defrauda, mata o roba.

El beato Óscar Romero vivió en El Salvador en un período en que el gobierno usaba al ejército para oprimir a la gente sencilla. Muchos fueron los asesinados. Romero se atrevió a desafiar a los paramilitares en sus sermones radiados denunciado los abusos y pidiéndoles que actuaran como auténticos cristianos. En su último programa de radio antes de ser asesinado el 24 de marzo de 1980, gritó a los soldados: "¡Les pido, les suplico, les mando, detengan los asesinatos!". Los soldados seguían el ejemplo y las órdenes de sus mandos, mientras que el beato Romero buscaba guiarlos dando ejemplo de santidad y confianza en Dios. La batalla no era entre pobres y ricos, sino entre un gobierno injusto y un gran líder espiritual.

✠   ¿Qué puedo aprender de este pasaje?

Día 3: Oráculos de salvación (Miqueas 4:1—5:14)

Como hemos visto en otros profetas, las palabras de Miqueas cambian de tono abruptamente: de condena a esperanza. La devastación no será la última palabra de Dios para Israel o Judá. Habrá un nuevo orden, un nuevo modo de vida en el que el Reino de Dios estará en medio de todos.

En 4:1-5 encontramos una visión profética de unidad y paz para el futuro, que se asemeja mucho a Isaías 2:2-4, pero que está en contraste con el texto inmediatamente anterior (3:2). Probablemente ha sido puesto aquí para anunciar que el Templo iba a ser destruido, pero que posteriormente sería reconstruido de forma aún más grandiosa. Miqueas no menciona destinatarios particulares, pero de acuerdo con el contexto, debe estar hablando de todo Israel y Judá y, de modo especial, de lo que será el "resto" que volverá del exilio. Jerusalén renovada será el centro del culto no solo para Israel, sino para todos los pueblos que confluirán a ella (v. 2). El resultado será también paz entre las naciones; los instrumentos de guerra serán transformados en herramientas de paz y comenzará una época ideal (v. 4). El v. 5 reafirma la fidelidad de Israel a YHWH.

La siguiente unidad (4:6—5:14) contiene una promesa divina en 4:6-7, la cual ofrece nuevas palabras de esperanza (Dios reunirá a los cojos y a los descarriados). La metáfora de fondo presente en el texto es la del pastor que reúne a sus ovejas y se refiere al "resto" (v. 7) que ha sobrevivido después de la destrucción del 587 a.C. (no hay un acuerdo entre los autores sobre si se trata de los que quedaron en Judá o los que fueron deportados). Los que antes eran los débiles, los que soportaron la opresión y la perversión de la justicia serán aquellos a los que Dios reunirá y con los cuales formará un nuevo pueblo en medio del cual él reinará. Para entender el cambio de mentalidad que eso implicaba, hay que recordar que los lisiados estaban excluidos del sacerdocio (cf. Lv 21:16-23). La "torre del rebaño" se refiere a la parte alta de la ciudad capital, donde estaban el palacio y otros edificios principales.

Los vv. 9-10 forman la primera de tres perícopas que comienzan con "ahora" y que buscan dar ánimos a los habitantes de Jerusalén ante el sufrimiento presente, sobre el que hace fuerte énfasis. Sus habitantes gritan como parturientas. No se menciona la causa de la angustia, pero probablemente se trata de la presencia de un enemigo invasor, aunque estamos antes del exilio, pues se menciona al rey (v. 9). Las preguntas retóricas ponen en evidencia que los líderes humanos han fallado, que son incapaces de ayudar. La imagen misma del parto, que implica sufrimiento, pero da a luz una nueva vida, contiene una esperanza: el sufrimiento presente traerá una salvación futura. El v. 10 hace un uso irónico del lenguaje del Éxodo. En lugar de salir de Egipto y acampar en el desierto camino de Canaán, saldrán de Sion y acamparán en el campo camino de Babilonia. Es la inversión del Éxodo, pero al final el Señor los hará volver de Babilonia, como lo hizo de Egipto.

En los vv. 11-13 se describe un ataque que se está preparando contra Jerusalén en ese momento. La ironía está en que las naciones están llevando a cabo el plan de Dios, aunque ellas no lo sepan. Ellas declaran la guerra y quieren destruir a Sion, pero al final será ella quien prevalezca. Dios las ha reunido como gavillas para que Israel las trille. Jerusalén es también descrita como un toro poderoso que arremete contra las naciones.

El último oráculo de salvación que inicia con "ahora", describe la crisis presente de los habitantes de Jerusalén. Los ejércitos enemigos estrechan el cerco y golpean en la mejilla al juez de Israel. Este gesto suponía un acto deliberado de humillación que expresaba desprecio por el rey. Pero un nuevo líder, que gobernará a Israel va a nacer en Belén, cuyos orígenes son antiguos (desde el comienzo de la dinastía de David) y desde tiempos remotos, desde Adán mismo, origen de la humanidad (5:1). Miqueas anuncia que las circunstancias difíciles continuarán hasta que la parturienta (la madre del nuevo rey) dé a luz. Entonces será cuando el "resto" de los hermanos vuelva del exilio. El nuevo rey será coronado y reinará en la gloria y en el nombre de YHWH. El pueblo habitará seguro, pues la influencia del nuevo rey llegará a toda la tierra. Este es uno de los pasajes en el Antiguo Testamento con más connotaciones mesiánicas.

La primera frase de 5:4 es de difícil traducción. Puede significar "esto es la paz" (indicando lo que viene después) o "este es la paz" (refiriéndose al rey mencionado en el versículo anterior). No hay acuerdo entre los estudiosos en la forma de traducirlo. La *Biblia de Jerusalén* lo interpreta en el segundo modo. Es importante recordar que la paz, en la mentalidad bíblica, no es solo la ausencia de guerra, sino poder contar con lo necesario para vivir una vida en plenitud. La mención de "siete pastores y ocho capitanes" es simbólica, indicando que habrá más que suficientes líderes capaces de proteger al pueblo (en contraposición a la incapacidad de los líderes anteriores para dicha misión). Ellos someterán a Asiria y al país de Nemrod. Este último era un héroe mitológico de Mesopotamia (cf. Gn 10:8), por lo que la frase se refiere a esa región.

Los vv. 6-8 describen al resto fiel de Jacob (aquellos que sobrevivan la destrucción y el exilio) con dos metáforas: serán para los otros pueblos como el rocío es para la hierba y como león entre los animales de la selva. Con estas imágenes el profeta quiere subrayar la vocación de Israel a aportar nuevo vigor y gobernar las naciones.

La unidad final de esta sección (vv. 9-14) predice el cumplimiento de otro requisito necesario para que pueda llegar la era preanunciada: Israel mismo debe ser purificado. Todas aquellas cosas que han provocado la ira de YHWH serán eliminadas de una vez por todas. El oráculo consiste esencialmente en una lista de cosas que serán "extirpadas" y en las cuales Israel había puesto su confianza, traicionando al Señor.

Lectio divina

Pase de 8 a 10 minutos en contemplación silenciosa del siguiente pasaje:

El Evangelio según san Mateo describe a los Magos que llegan a Jerusalén para preguntar por el lugar del nacimiento del recién nacido rey de los judíos. Los jefes de los sacerdotes y los escribas responden a sus preguntas citando el libro de Miqueas diciendo: "Y tú, Belén, tierra de Judá, no eres, no, la menor entre los principales clanes de Judá; porque de ti saldrá un jefe que apacentará a mi pueblo Israel" (Mt 2:6). La gente del tiempo de Miqueas buscaba la paz y el profeta les ofreció la paz espiritual al anunciarles un pastor que se la traería. Jesús ofrece la paz interior que permanece incluso en medio de la tempestad.

✠ ¿Qué puedo aprender de este pasaje?

Día 4: El verdadero culto del Señor (Miqueas 6:1—7:6)

Después de haber dado a sus oyentes una visión de un futuro esperanzador para animarlos, el profeta vuelve a ocuparse de la realidad presente, marcada por el capricho, incluso mientras viven la amenaza de la invasión enemiga.

Los vv. 1-5 están acuñados en la forma de un rîb o "juicio de alianza". Miqueas, actuando como abogado, representa a Dios en contra de un pueblo ingrato. Los elementos naturales (montes, cimientos de la tierra) son llamados como testigos. En lugar de acusarlos directamente de romper la Alianza, Dios pregunta con un tono triste y desconcertado a Israel si tiene de qué acusarlo y le recuerda todo lo que ha hecho por él. (vv. 3-5). El uso doble de la expresión "pueblo mío" está cargada de alusiones al libro del Éxodo.

Miqueas 6:6-8 es uno de los textos más significativos del libro y del Antiguo Testamento. Se trata de una serie de preguntas retóricas que constituyen la respuesta del pueblo a la acusación implícita que Dios le hace: ha desagradado a YHWH, pero afirma que es por ignorancia y le pregunta qué es lo que quiere. ¿Qué debe llevar cuando se presente ante YHWH para serle agradable? Las preguntas presentan diversos niveles de elementos: los holocaustos indican dedicación total (la víctima completa era quemada y ofrecida a Dios); los terneros de un año eran la ofrenda más deseable; miles de carneros y miríadas de ríos de aceite significan abundancia y esplendor;

el primogénito simboliza la posesión más valiosa de uno. La respuesta es que Dios no quiere nada de eso si no está unido al respeto del derecho, al amor leal y a un proceder humilde para con él. No es que Miqueas o los otros profetas que hablaron del tema (cf. Is 1:11-17; Am 5:21-24) estuvieran en contra de los sacrificios en sí mismos. Lo que sí dicen es que, sin una relación adecuada con Dios y con el prójimo, los sacrificios no sirven de nada.

Completando lo anterior, Miqueas 6:9-16 presenta la ira de YHWH ante la injusticia social que Israel practicaba (balanzas trucadas, pesas fraudulentas, violencia, mentiras, sobornos, etc.). Han abandonado la Ley de YHWH para seguir los decretos de Omrí y Ajab, los reyes más corruptos y paganos de la historia de Israel. Miqueas está acusando a Jerusalén de cometer los mismos pecados de los que Amós acusó a Samaría. La sentencia comienza en el v. 13: enfermedad y desolación serán la parte de los habitantes de la ciudad, comerán, pero no se alimentarán... en definitiva, nada de lo que hagan les será de provecho, se fatigarán en vano.

Miqueas 7:1-6 es un lamento del profeta ante la imposibilidad de encontrar hombres justos (igual que cuando se buscan racimos de uvas e higos después de la vendimia y de la cosecha, y no se pueden encontrar). Todos buscan el propio beneficio, tramando el mal unos contra otros. Incluso los mejores de entre ellos son inútiles, como un cardo o un espino. Miqueas anuncia la llegada del día del castigo. No se puede confiar en nadie, ni en el amigo ni en la esposa, cuando el hijo deshonra a su padre y la hija a la madre. Uno encuentra a sus enemigos dentro de la propia familia (6:6). Jesús aludirá a este último versículo para describir las persecuciones que iban a sufrir sus discípulos y el hecho de que él iba a ser signo de contradicción (Mt 10:21.35).

Lectio divina

Pase de 8 a 10 minutos en contemplación silenciosa del siguiente pasaje:

El juicio representado en Miqueas 6—7 demuestra con cuánta facilidad el pueblo puede olvidar lo que el Señor hizo por ellos. Los había bendecido abundantemente y aun así lo abandonaron, y se involucraron en toda clase de crímenes. Ignoraron las bendiciones que recibían por conocer, tratar y servir al Señor, porque hicieron de los bienes de la tierra el centro de sus vidas.

Recordar agradecidos todo lo que el Señor hace continuamente por nosotros sigue siendo nuestro reto y nuestro deber. Es muy fácil dejarse enredar por las fatigas de cada día. En todo momento, en la alegría y en la tristeza, debemos hacer un alto para reflexionar sobre las bendiciones que Dios nos ha dado.

✠ ¿Qué puedo aprender de este pasaje?

Día 5: Confianza en el futuro (Miq 7:7-20)

Israel responde a la acusación de Dios. Algunos autores llaman a estos versículos finales del libro "liturgia profética". Se pueden encontrar cuatro secciones en esta unidad. La primera parte está constituida por un salmo en el que el pueblo declara su confianza en YHWH (vv. 7-10). Entiende que está sufriendo a causa de sus pecados (v. 9), pero sus enemigos no deben regodearse de satisfacción ante sus apuros, pues Dios le dará la victoria a su pueblo y ellos se volverán como fango en la calle (v. 10).

La segunda está constituida por un oráculo (vv. 11-13) en el que el profeta anuncia que los muros de la ciudad serán ensanchados, los exiliados retornarán del Norte y del Sur, del Este y Oeste, mientras que las tierras de los enemigos quedarán desoladas.

La tercera parte es una oración pidiendo a Dios que bendiga a Israel y castigue a sus enemigos (vv. 14-17). Pide a Dios que repita los prodigios que una vez hizo por ellos, siendo su pastor y guía.

La última parte consiste en un himno de alabanza a YHWH por su perdón y fidelidad a la Alianza, la que prometió a su pueblo desde los tiempos de Abrahán (vv. 18-20).

Lectio divina

Pase de 8 a 10 minutos en contemplación silenciosa del siguiente pasaje:

Los israelitas confiaban en que si se arrepentían de los pecados cometidos, obtendrían el perdón de Dios, por ser este un Dios amoroso y compasivo. Los cristianos vivimos con la misma seguridad de ser perdonados si confesamos honestamente nuestros pecados y nos esforzamos por vivir en adelante una vida fiel al Señor. La naturaleza compasiva y clemente de Dios es con frecuencia dada por descontado, pero es una de las grandes bendiciones que él nos concede y que hemos de valorar y agradecer.

✠ ¿Qué puedo aprender de este pasaje?

Preguntas de repaso

¿Qué aprendemos de las relaciones entre Edom y Judá en el libro de Abdías?

1. ¿Por qué Miqueas pronuncia un lamento sobre los israelitas?
2. ¿Qué dice Miqueas a propósito de los líderes de Israel?
3. ¿Qué dice Miqueas sobre la compasión y clemencia de Dios?

LECCIÓN 5

Libros de Nahúm, Habacuc y Sofonías

Pues la higuera no retoñará, ni habrá en las viñas recolección. Fallará la cosecha del olivo, los campos no darán sus frutos, faltarán las ovejas en el aprisco, no habrá ya vacas en los establos. ¡Pero yo me alegraré en Yahvé, gozaré del Dios de mi salvación! (Hab 3:17-18).

Oración inicial (ver página 14)

Contexto

Parte 1: Nahúm. El libro de Nahúm parece haber sido escrito un poco antes de la caída de Asiria en el 612 a.C. y en él el autor se alegra por la inminente desgracia de la cruel nación. En el 722-721 Asiria invade el Reino del Norte (Israel). Muchos de sus habitantes fueron asesinados o deportados, a la vez que el territorio se repobló con prisioneros procedentes de otras conquistas. Un poco antes del 700 a.C. los asirios invadieron Jerusalén y subyugaron muchas ciudades de Judá. Sin embargo, el imperio asirio pronto caería ante los poderosos ejércitos de los medos y de los babilonios, siendo su capital, Nínive, destruida en 612 a.C. El libro de Nahúm habla de la caída de Nínive y de la restauración de Judá.

Parte 2: Habacuc y Sofonías. El libro de Habacuc está dedicado completamente a cuestiones relacionadas con el dominio que tiene Dios sobre los acontecimientos mundanos. Consiste en un diálogo entre el profeta y Dios. Habacuc habla de la derrota de Egipto por parte del ejército babilonio en el 605 a.c. y de la segunda invasión babilonia a Judá en el 587 a.c. Las condiciones en que vivía Judá llevaron a Habacuc a cuestionar la justicia divina.

El libro de Sofonías habla del día del Señor, un día de juicio, terrible para Judá y Jerusalén. Sofonías vivió durante los primeros días del rey Josías de Judá, que reinó del 640 al 609 a.c. Al parecer profetizó antes de que este rey comenzara una gran reforma en 621 a.C. Ve en el culto de los ídolos y en la terrible injusticia de los líderes de Judá la causa del castigo que el Señor inflige sobre Judá y Jerusalén.

PARTE 1: ESTUDIO EN GRUPO (NAHÚM)

Lea en voz alta el libro de Nahúm.

1:1—2:1 Juicio contra Nínive

Después de la sobre-inscripción (1:1), se pueden distinguir tres partes en el libro: un salmo alfabético que desarrolla el tema de la justicia de YHWH y sirve de introducción al oráculo contra Nínive (1:2-8), un grupo de breves oráculos proféticos que anuncian la salvación para Judá y el castigo para Nínive (1:9—2:1.3), y la sección principal, centrada en la ruina de Nínive (2:2.4—3:19).

El v. 1 prepara el escenario para las proclamaciones de Nahúm: el destinatario es Nínive, la capital de Asiria. El mensaje del profeta es el resultado de una visión divina. El proclamador es Nahúm, un personaje del que no sabemos nada más que su nombre ("el consolado") y su ciudad de origen, Elcós. Una antigua tradición coloca el nacimiento del profeta en una localidad cercana a Belén, aunque también existe quien lo sitúa en Irak. La fórmula del v. 1 pone de relieve tres elementos: 1) el género literario del libro (massa', "oráculo"), término técnico en la literatura profética para llamar a los oráculos contra las naciones; 2) que se trata de un libro (sefer); y 3) que es un mensaje divino (hazôn "visión").

No hay acuerdo sobre el período en que Nahúm ejerció su ministerio, aunque leyendo el texto se suelen encontrar dos fechas límite. Debió ser después de la conquista de Tebas de Egipto por los babilonios (668/663 a.C.), porque Nahúm la relata con mucha viveza (3:8) y antes de la caída de Babilonia (612 a.C.) que predice todavía como inminente.

En 1:2-11 aparece una de las descripciones más vivas y terribles del Dios de justicia. El profeta proclama sin ningún tipo de reserva que Dios está para actuar a favor de Judá y en contra de Asiria. Este es un "Dios celoso y vengador", "rico en ira", que "se venga de sus adversarios" y que "a nadie deja impune" (v. 2). Camina en la tempestad y el huracán, y toda la naturaleza se sacude a su paso. Nadie puede soportar su enojo. Los términos "celos", "venganza" e "ira" aplicados a Dios suelen causar problemas a algunos creyentes. Es importante que se entiendan en el contexto de la Alianza. De por sí son palabras que describen cómo Dios defiende su relación especial y exclusiva con Israel ante las infidelidades de su pueblo y contra los enemigos que lo quieren destruir.

Nahúm deja claro que Dios protege a los que a él se acogen, pero extermina a los que se alzan contra él. Con esto, el autor advierte a los asirios que YHWH es más fuerte y más feroz que los mejores de sus líderes políticos y militares. Quienes han tramado y hecho el mal contra el Dios de Israel y su pueblo, están para recibir el mismo trato (v. 11). La pregunta retórica en el v. 8 y las comparaciones en el v. 10 indican cuál será el destino de Nínive.

Nahúm introduce el siguiente oráculo con la fórmula del mensajero dando a entender que son las palabras mismas de YHWH. Se trata de un oráculo de salvación con tres partes: la intervención de YHWH, sus consecuencias y su objetivo. Le asegura a Judá que, aunque su opresor sea fuerte y numeroso, y Judá haya sido oprimida, YHWH está ahora listo para romper el yugo asirio que la ha aprisionado por tanto tiempo. El Señor decreta la aniquilación completa de Asiria y no dejará que tengan descendientes. Destruirá las estatuas de sus dioses y preparará a los asirios su sepultura.

El v. 14 se dirige al rey de Asiria, Asurbanipal. El Señor le anuncia que, para liberar a su pueblo va a destruirlo a él, a su dinastía y sus dioses. Los asirios y sus dioses serán humillados; los dioses en los que confiaban se volverán nada.

El versículo 2:1 pertenece en realidad, según los estudiosos, a la unidad literaria iniciada en 1:12. Su contenido positivo para Judá queda mejor como final de dicho oráculo que como inicio del siguiente (2:2-14), que anuncia un ataque divino inminente contra Asiria. En este versículo, el profeta anima a Judá a alegrarse. Escrito en presente, el breve poema anticipa el final de la cautividad. Utiliza la imagen de un centinela que vuelve del campo de batalla para anunciar la buena noticia de la victoria. La misma imagen ha sido adaptada por Isaías (52:7) y por san Pablo (Rom 10:15). Las fiestas que invita a celebrar son, con toda probabilidad, la Pascua, Pentecostés y la de las tiendas, que celebran la liberación, redención y una cosecha abundante respectivamente. Judá podrá celebrar de nuevo sus fiestas y cumplir sus promesas al Señor.

2:2—3:19 El destino de Nínive

Esta sección describe el ataque y la caída de Nínive (2:2—3:17) y un oráculo contra el rey de Asiria (3:18-19). El profeta describe con detalles gráficos la batalla contra Nínive y sus consecuencias. Se trata de un anuncio para el futuro, pero proclamado en presente para indicar su inminencia y la certeza de que sucederá.

Algunos autores colocan el v. 3 antes del v. 2, después del v. 1, porque consideran que su mensaje positivo indica que originalmente iban juntos. El v. 3 anuncia que el Señor restaurará a Judá y a Israel, destruidos por devastadores. Judá e Israel están representados con la imagen de una viña. Israel es comparado a la viña también en otros lugares del Antiguo Testamento (cf. Is 5:1-7; Jr 5:10; Sal 80:8).

Los vv. 2-14 contienen un poema bélico. Los imperativos en los vv. 9-10 colocan al lector dentro del mismo fragor de la batalla, con su tumulto de gritos, hombres, animales y carros de guerra. Podemos oír a los comandantes asirios gritando órdenes: "monta guardia", "vigila el camino", "cíñete los lomos" y, después de que la batalla ha sido perdida, "Alto, alto", tratando de detener la huida general. Finalmente contemplamos a los ninivitas escapando de su ciudad mientras sus templos se desploman ante el asalto combinado de los ejércitos y de una inundación.

El v. 2 llama a los asirios a prepararse para la invasión. Los vv. 4-5 describen la apariencia de los soldados invasores con sus escudos rojos, sus vestidos escarlata y sus carros color de fuego. Los vv. 6-7 describen a los invasores asediando las murallas mientras el rey de Nínive trata de preparar frenéticamente sus defensas, pero las puertas del río se abren y cunde el pánico en el palacio (en hebreo "se licúa, tiembla"). La amante (la *Biblia de Jerusalén* traduce "la Belleza") de Nínive (la reina o la diosa) es deportada (v. 8). Las tres primeras palabras del v. 8 son sumamente difíciles de traducir, razón por la que se encuentran traducciones muy diferentes.

Nínive es saqueada y destruida (vv. 9-11), impotente a pesar de sus grandes tesoros. Todos sus habitantes están aterrados. Una variedad de metáforas evocan muy gráficamente a un pueblo, en otro tiempo tan temido, llevado en cautiverio, gimiendo como palomas y golpeándose el pecho. Una ciudad y un pueblo que habiendo sido tan temidos, reciben ahora el mismo trato cruel que ellos infligieron durante tanto tiempo a otros pueblos.

Usando un lenguaje metafórico tomado de la naturaleza, el profeta se burla a continuación de la falsa fortaleza de Nínive, simbolizada por los leones (vv. 12-14). Como hemos ya visto en otros profetas (cf. Am 1:2; 3:8), los leones evocan ferocidad, poder destructor y fuerza irresistible. También representan el poder de la realeza. En estos versículos la cueva de los leones se refiere a la casa real de Nínive, otrora brutalmente opresora, pero que va a desaparecer sin dejar rastro.

El v. 14 cambia al tiempo presente y, después de haber proclamado la visión de la destrucción de Nínive, Nahúm transmite otra palabra de Dios: "Aquí estoy contra ti". La invasión está a las puertas y lo que se anunció en los vv. 6-11 sucederá con seguridad. Los cachorros, que simbolizan la casa real de Nínive, serán "devorados" por la espada. El Dios de Israel se responsabiliza totalmente de lo que va a suceder y, de esa manera, afirma también su completo señorío sobre la nación más poderosa. La justicia será cumplida bajo forma de castigo, una afirmación que refleja la cultura del tiempo, la ley comúnmente aceptada del "ojo por ojo, diente por diente" o lex talionis (ley del talión)

El capítulo 3 inicia con una lamentación. Se trata del único oráculo en Nahúm que comienza con "¡ay!". Algunos autores ven en él como una especie de maldición lanzada sobre Nínive. Los arqueólogos han encontrado inscripciones con maldiciones de este tipo contra los enemigos entre los pueblos vecinos de Israel.

El fragmento 3:1-7 es un relato de la caída de Babilonia semejante al anterior, pero aún más terrible si cabe. Sangre, mentiras, saqueo, fornicaciones, cadáveres, suciedad y hechicerías caracterizan esta sección que termina con dos preguntas retóricas: ¿quién se apiadará de ella? y ¿dónde encontrará consoladores una nación tan malvada? Por supuesto, la respuesta implícita es: "no los encontrará".

Los vv. 8-13 comienzan con una pregunta y continúan con una serie de metáforas. El profeta recuerda a Nínive que No-Amón ("la ciudad de Amón" es Tebas, capital de Egipto), su mayor rival, fue devastada a pesar de todas las ventajas estratégicas naturales con las que contaba. Nínive no es mejor que Tebas y sufrirá las mismas consecuencias. Sus fortificaciones son como higos, listos para ser cosechados y sus soldados débiles, como un ejército de mujeres.

El v. 14 está lleno de sarcásticas recomendaciones a Nínive, como que haga acopio de agua, consolide sus defensas o pise la arcilla. Seguidamente le dice que todos sus esfuerzos serán inútiles (vv. 15-17). Compara a sus guardias y escribas con insectos que se multiplican rápidamente, pero que también rápidamente desaparecen. Así desaparecerán ellos en el momento de la necesidad.

Los últimos dos versículos (3:18-19) constituyen una proclamación contra el rey de Asiria donde le anuncian que el destino de Nínive está sellado, con sus líderes y nobles adormecidos, que han abandonado sus puestos y han dejado a las gentes dispersas por el monte sin nadie que las reúna. La herida es fatal, no hay posibilidad de sanación. Todos los que oigan las nuevas de la caída de Asiria aplaudirán de alegría porque todos han sufrido sus tormentos sin fin.

Preguntas de repaso

1. ¿La destrucción de Asiria, así como es descrita en el libro de Nahúm, nos habla de un Dios vengativo?
2. ¿Por qué se le llama a Asiria "ciudad sangrienta"?
3. ¿De qué manera la imagen de las langostas y saltamontes se ajusta al mensaje de Nahúm?

Oración final (ver página 15)

Reza la oración final ahora o después de la *Lectio divina*.

Lectio divina (ver página 8)

Relájate y mantén una postura de oración (espalda recta, ojos cerrados, pies apoyados en el suelo). Este ejercicio puede durar cuanto guste, pero en el contexto de este estudio bíblico, de 10 a 20 minutos deberían ser suficientes.

Las meditaciones que siguen se ofrecen para ayudar a los participantes a usar esta forma de oración, pero hay que considerar que la Lectio está pensada para conducirlo a uno a un ambiente de contemplación orante donde la Palabra de Dios hable desde el corazón a quien la escucha (ver a la página 8 para más instrucciones).

Juicio contra Nínive (1:1—2:1)

Una bien conocida frase de san Pablo dice "Si Dios está por nosotros ¿quién contra nosotros?" (Rom 8:31). Nahúm habla del poder del Señor sobre la creación y de que es una locura querer conquistar al pueblo que Dios protege. En la antigüedad, el pueblo de Israel creía firmemente que contaba con la protección de Dios, si no en su propia generación, sí en alguna posterior. Llegaron a darse cuenta de que tenían que ser pacientes cuando rezaban.

Rezar con paciencia y confianza es sumamente difícil para nosotros. Acostumbrados a buscar la eficiencia, pretendemos resultados inmediatos. Podemos aprender de santa Mónica la necesidad de ser perseverantes en la oración. Ella rezó durante cuarenta años por su hijo, Agustín, para que aceptara a Cristo. Cuando así fue, se convirtió en un gran santo. Santa Mónica realmente creía que "si Dios está con nosotros ¿quién estará contra nosotros?". Cuando rezaba, Dios estaba con ella y con su hijo. Cuando los israelitas rezaban, lo hacían confiando en que el Señor los protegería de la aniquilación total.

✠ ¿Qué puedo aprender de este pasaje?

El destino de Nínive (2:2—3:19)

El uso de medios pacíficos para conseguir objetivos concretos tiene con frecuencia más éxito que la violencia. Los líderes que han preferido usar medios pacíficos en lugar de violentos han tenido una influencia mayor en la historia de sus naciones. Martin Luther King Jr. ayudó a alcanzar la igualdad racial en Norteamérica; Mahatma Gandhi ayudó a lograr la independencia de su país, la India; y Nelson Mandela contribuyó a conseguir igualdad para todos en Sudáfrica. Ellos no vivieron de la espada. Sus armas, las que cambiaron la historia, fueron la fe junto con sus sólidas convicciones manifestadas de forma pacífica.

✠ ¿Qué puedo aprender de este pasaje?

PARTE 2: ESTUDIO INDIVIDUAL (HABACUC Y SOFONÍAS)

Día 1: El dominio de Dios sobre el mundo (Habacuc 1:1—2:1)

La frase inicial del libro introduce y define a Habacuc como profeta y deja claro que lo que está por proclamar es el contenido de una visión y que, por tanto, el mensaje es de origen divino.

En el libro de Daniel (14:32-38) se menciona a un "profeta Habacuc", que habría sido llevado de una forma milagrosa a Babilonia para alimentar a Daniel en el foso de los leones. Los estudiosos, sin embargo, no piensan que se trate del mismo personaje mencionado en Habacuc 1:1.

El significado mismo del nombre Habacuc no es seguro, aunque se explica generalmente como "abrazo" o "ardiente abrazo" a causa de la forma gramatical, que indica una cierta intensidad.

La opinión más común sitúa la época en que Habacuc ejerció su ministerio en los días de Jeremías, cuando Babilonia se estaba aún formando como imperio y no constituía todavía un peligro inmediato para Judá. Este momento es el último cuarto del siglo VI a.C., en el contexto histórico de la caída de Nínive en el 612 a.C. o de la batalla de Carquemis (605 a.C.), después de la cual Nabucodonosor de Babilonia comenzó a ejercer su dominio en Oriente Medio.

Aparte del encabezado (1:1), se pueden distinguir tres partes en el libro: un diálogo entre el profeta y Dios (1:1—2:4), una serie de imprecaciones contra el pueblo opresor (2:5-20) y un salmo final (c.3).

Habacuc comienza el diálogo con Dios con una serie de preguntas desgarradoras. En las dos primeras preguntas retóricas, cuestiona a Dios por qué no le responde cuando clama pidiendo ayuda y por qué no lo salva cuando grita "violencia". No es difícil imaginarse la perplejidad del profeta, sobre todo sabiendo que él conoce por su tradición religiosa lo que Dios ha hecho para rescatar a los inocentes de las manos de los malvados. Habacuc pregunta en el v. 3 por qué tiene él que ver la iniquidad y desafía a Dios indirectamente preguntándole por qué él solo observa el mal (y no actúa). Esto implica que YHWH ve todo el mal cometido, pero no hace nada para cambiar la situación. El profeta estaba preocupado ante el poder creciente del mal, que nadie frenaba y eso le hacía preguntarse sobre la naturaleza de su Dios, que permitía semejante cosa. En definitiva, se trata del eterno problema del mal en el mundo, si existe un Dios bueno.

YHWH responde a Habacuc en 1:5-11. El profeta descubre que Dios actuará a favor del justo y del oprimido levantando a "un pueblo cruel y fogoso" (los caldeos o babilonios), que derrotará a los malvados de Judá (vv. 5-6). Los vv. 6-11 describen de forma muy viva a los babilonios: son feroces, impetuosos y sin sentido de la justicia. Usan su poder para oprimir a otros y hacen sus propias reglas (v. 7) burlándose de los reyes y soberanos porque no pueden hacer nada contra ellos. Su culpa es adorar su propia fuerza y poder.

En 1:12—2:1 tenemos la segunda reclamación de Habacuc a Dios. A pesar de que cree que el Señor gobierna con justicia, el profeta dice que Dios es demasiado puro y no puede soportar la vista del mal. Sus palabras reflejan la teología del Salmo 5:5 que declara que YHWH no se complace en la maldad. De nuevo usa preguntas retóricas para reprocharle a Dios su silencio y pasividad. Estas preguntas sugieren un cierto malestar en Habacuc por la respuesta anterior del Señor (v. 13). Le pregunta por qué mira en silencio mientras los malvados devoran a quienes son más justos que ellos, refiriéndose con esto a la gente de Judá. Sin esperar una respuesta, Habacuc compara a los habitantes de Judea con peces que no tienen a nadie que los guíe (v. 14). Los babilonios, como pescadores que lanzan redes y anzuelos al mar, los capturan y arrastran fuera del agua. La fuerza de los babilonios, a la que ellos adoran arrogantemente como su dios (v. 16), está representada metafóricamente por su red. Los cautivos, como pescado capturado y consumido, satisfacen la arrogancia de los caldeos. Habacuc pregunta al Señor si van a continuar destruyendo naciones sin compasión.

Habacuc da voz al interrogante que se presenta a todo ser humano cuando ve que los malvados parecen prevalecer: ¿por qué Dios no interviene y los castiga? Parecería que el silencio de Dios da más fuerza a los malvados. Por otro lado, el retrato de los caldeos que adoran sus redes nos recuerda cuán fácilmente adoramos aquello que nos puede llevar al éxito y a la riqueza.

Habacuc termina esta parte de su queja describiéndose como un centinela que vigila desde la fortaleza, preparado para oír la respuesta del Señor a su reclamo.

Lectio divina

Dedica de 8 a 10 minutos a la contemplación silenciosa de este pasaje:

Con frecuencia escuchamos esta objeción: "No entiendo cómo es posible que un Dios que es amor permita tanto sufrimiento en el mundo". Esta objeción se parece mucho a la que Habacuc presenta a Dios, cuando pregunta por qué parece que el Señor hace las cosas tan difíciles para el pueblo de Judá. Las Escrituras nos enseñan que el Señor no desea que el pueblo sufra. Sin embargo, en muchos casos es en el sufrimiento cuando aflora lo mejor de las personas. Confiar en Dios en medio del sufrimiento es difícil, pero prueba nuestra fe en aquel que todo lo puede

✠ ¿Qué puedo aprender de este pasaje?

Día 2: La respuesta de Dios (Habacuc 2:2-20)

YHWH responde a Habacuc diciéndole que escriba la visión (respuesta) muy claramente para que quienquiera que pase, pueda leerla. Dicha respuesta comprende cinco oráculos de aflicción que empiezan con "¡Ay!" (vv. 6-20). Se realizará en un tiempo prefijado; el profeta tiene que esperar pacientemente su cumplimiento. Podrá parecer lento, pero es seguro que llegará.

El v. 4 es quizá el fragmento más importante del libro de Habacuc y uno de los más significativos del Antiguo Testamento por el uso que san Pablo hace de él (cf. Rom 1:17; Gal 3·11 y la carta a los Hebreos 10:37-38) y por la posterior interpretación que le dio Lutero. Dios enseña a Habacuc que sus tiempos no son necesariamente los mismos que los de los hombres y que debe aprender a esperar viviendo con fe. En lugar de estar cuestionando a Dios, Habacuc tiene que vivir (actuar) con fe. Se le ha dicho que el juicio sobre los malvados va a llegar, pero que él no se tiene que quedar de brazos cruzados. Se trata de una invitación a pasar de la especulación a la acción, de cuestionar a actuar.

No está claro a quién se dirigen los oráculos en ¡Ay! (vv. 6-20). Las posibilidades incluyen a los babilonios, los habitantes de Judá, otras naciones extranjeras o los malvados en general. Después del "¡Ay!" inicial, cada uno de los cuatro primeros oráculos tiene tres partes, la primera contiene la descripción del pecado, la segunda anuncia el juicio que está para llegar al pecador y la tercera establece la razón para el juicio.

Los dos primeros oráculos presentan una descripción de cómo algunos han usado su poder para beneficiarse a expensas de los demás (vv. 6-17). El primero (vv. 6-8) es una palabra de condena para ladrones, salteadores y defraudadores. El segundo reprueba a los explotadores y extorsionistas (vv. 9-11). El tercero condena maldad y violencia (vv. 12-14). El cuarto lanza un juicio contra el libertinaje y la corrupción (vv. 15-17). La "copa" que "pasa la diestra de YHWH" se refiere a la "copa de la ira de Dios" (cf. Abdías). Han hecho beber hasta emborrachar a los incautos para aprovecharse de ellos, pues bien, el Señor los hará beber de su copa. El quinto oráculo, que condena la idolatría, no sigue la estructura de los cuatro primeros, sino que después de la descripción del pecado, sigue con una serie de preguntas retóricas que muestran que nada son (v. 18) y termina con la afirmación de que YHWH está en su templo santo y ante él debe callar la tierra entera, pues él sí es Dios.

Esta serie de "¡Ayes!" tiene por finalidad dejar claro que al final el pecado, la maldad, el crimen, la avaricia, la opresión, el libertinaje y la idolatría están condenados a desaparecer. Es lógico, y deprimente, ver a los poderes corruptos, a las estructuras de pecado gobernando el mundo y cuestionarse: "¿es este todavía el mundo creado por Dios?, ¿no se habrá alejado de él?, ¿tiene él todavía control sobre el mundo y sus habitantes?". La respuesta decidida de Habacuc es "sí, lo tiene, porque él sí es Dios".

Lectio divina

Dedica de 8 a 10 minutos a la contemplación silenciosa este pasaje:

En el contexto de toda la Creación, la vida es corta. Los caldeos arrebataron cuanta riqueza pudieron, pero como mucha gente que ha alcanzado la riqueza, lo que hicieron no los satisfizo y querían más. Por desgracia para ellos, el Señor dijo "basta" y se volvieron prisioneros de sus riquezas y sus conquistas.

Cuando las personas pasan su vida hiriendo a los demás en su búsqueda de más posesiones, aprenden pronto que el poder o las riquezas no los satisfacen. Al final ya no controlan su riqueza, sino que la riqueza los controla a ellos y les hace buscar tener aún más sin importar cuántas enemistades se ganen. La riqueza usada sabiamente y con generosidad para ayudar a los demás puede traer mucha satisfacción y alegría, pero quien busca la riqueza por la riqueza está ya destinado a una vida vacía.

✠ ¿Qué puedo aprender de este pasaje?

Día 3: Oración de Habacuc (Habacuc 3:1-19)

El capítulo 3 del libro de Habacuc es una oración en forma de salmo. El encabezado mismo recuerda el de algunos salmos. Se trata de una oración de intercesión, escrita para ser cantada por la asamblea o por un representante. El contenido es una petición en nombre del rey y de su pueblo para que Dios renueve sus grandes obras de salvación en el presente. Es difícil clasificar el salmo según su género, puesto que tiene elementos de himno, lamento, canto de acción de gracias, salmo real... Quizá la mejor forma de clasificarlo es como canto litúrgico. Se piensa que fue usado en muchas ocasiones en el culto del Templo durante el festival de otoño. El salmo contiene al inicio una indicación "en el tono de las lamentaciones" (*Biblia de Jerusalén*), que en hebreo aparece como "shigyonôt". En realidad el significado de este término no es conocido. Muchos comentaristas sospechan que se trata de algún tipo de rúbrica litúrgica o musical sobre cómo entonar el salmo que sigue. "Selah" (BJ: "pausa") aparece tres veces en este pasaje como si fuera un estribillo, lo cual confirma la idea de que el salmo se usaba en el culto.

El salmo está compuesto por un encabezado (v. 1), una petición (v. 2), una teofanía o manifestación divina (vv. 3-7), una descripción de la batalla entre YHWH y la naturaleza, y los enemigos de Dios (vv. 8-15), la respuesta de fe del profeta (vv. 16-19) y una conclusión (v. 19b).

Después del encabezado (v. 1) vienen varias afirmaciones que reconocen las grandes obras de Dios y una petición para que vuelva a realizarlas. El profeta, consciente de la ira del Señor contra Judá por sus pecados, suplica al Señor que se muestre compasivo como en el pasado (v. 2).

Los vv. 3-15 presentan a Dios como guerrero y celebran su poder sobre la Creación y los pueblos. Incrustada en la imagen anterior, tenemos también la metáfora del Dios de la tormenta, representado con frecuencia en la región de Palestina de pie, con un relámpago en la mano y listo para lanzarlo. El rayo y el trueno son símbolos del poder divino, pero su esencia o verdadero poder está escondido. Aquí, como en la mayor parte de las teofanías del Antiguo Testamento, la presencia y poder de Dios son muy reales, pero nadie ve cómo es Dios en sí mismo (cf. Ez 1:1-28).

Habacuc proclama que el Señor viene a encontrarse con el pueblo de Temán y el monte Parán, dos lugares en Edom. La ruta que toma el Señor indica que él viene a visitar a Israel de la dirección del Sinaí. En dicha visita, la gloria del Señor cubre los cielos; la alabanza de YHWH llena la tierra y su esplendor brilla como la luz. En los vv. 5-7 la metáfora cambia un poco, pues Dios es descrito como un rey a quien precede "peste" y sigue "plaga", como si fueran su cortejo (v. 5). Él está de pie en la tierra como un gran hombre y supervisa la escena. Él mira y hace saltar a las naciones. El efecto del poder divino se puede ver en las montañas que se desmoronan y las colinas que se hunden (v. 6). Las tiendas de Cusán y Madián temblarán cuando él venga (v. 7). No se conoce la localización exacta de Cusán, solo sabemos que está en Madián. Habacuc continúa viendo a YHWH llegar por la ruta del Sinaí.

¿Por qué viene Dios? La respuesta aparece en los vv. 8-15. Viene para derrotar a sus enemigos, los enemigos de su pueblo, representados en ríos, aguas y mar. Algunos antiguos mitos cananeos describen la batalla entre dioses y ríos. Los ríos y mares son imagen del caos incontrolable y del mal. El salmo usa imágenes tomadas de las mitologías conocidas en la región para expresar la verdadera fe de Israel en su Dios (YHWH), que vence el caos y el mal. El Señor, como un guerrero, desenfunda su arco y llena de flechas su aljaba (v. 9). Esta última frase es otro de los textos difíciles de traducir de Habacuc; las flechas representan los rayos. Dios parte la tierra con los ríos y, a su vista, todos los elementos tiemblan y se espantan. Dios interviene con fuerza contra las naciones (Asiria y Babilonia) para salvar a su pueblo (v. 12-13). "Tu ungido" probablemente se refiere al descendiente de David que reina en Jerusalén.

Cuando termina la visión, escuchamos la respuesta de Habacuc. Esperando el día de la calamidad, el profeta tiembla y todo su cuerpo se agita (3:16). La oración se cierra con un tono de esperanza (vv. 17-19). Con el deseo de que se aplique la justicia a los opresores, el autor expresa su confianza en Dios, que salva y fortalece. Y mientras espera la victoria final, dice que se alegrará y exultará en el Señor, aunque no haya signos visibles o externos de su presencia (la higuera no retoñará, ni habrá recolección en las viñas...). "Fe" quiere decir amar y servir a Dios independientemente de las circunstancias. Para el justo vivir por la fe significa ser fiel a Dios en la propia vida.

Lectio divina

Pase de 8 a 10 minutos en contemplación silenciosa del siguiente pasaje:

La oración de Habacuc reconoce a YHWH como el único y omnipotente Dios del universo. No importa qué tan difícil se vuelva la vida, él profesa su fe inconmovible en el Señor. Sus palabras suenan como las del apóstol Pablo, que habla de su entrega al Señor sin importar lo que le pueda pasar. Pablo escribe "Pues estoy seguro de que ni la muerte, ni la vida, ni los ángeles, ni los principados, ni lo presente, ni lo futuro, ni las potestades, ni la altura, ni la profundidad, ni otra criatura alguna podrá separarnos del amor de Dios manifestado en Cristo Jesús Señor nuestro" (Rom 8:38-39). La confianza de Habacuc y Pablo desafía a todo aquel que lee la Biblia a permanecer fiel al Señor sin importar lo que suceda.

✠ ¿Qué puedo aprender de este pasaje?

Día 4: Juicio sobre Judá (Sofonías 1:1—3:5)

El libro de Sofonías inicia con un encabezado que se remonta a cuatro generaciones de antepasados del profeta hasta un tal Ezequías. Este es el único caso en los libros proféticos en el que se cita una genealogía tan extendida y algunos autores piensan que se debe a que el Ezequías mencionado es el rey de Judá, bisabuelo de Josías y contemporáneo de Isaías, que reinó del 715 al 687 a.C. Es uno de los tres reyes de Judá de los que se dice que "hizo lo recto a los ojos de YHWH" (cf. 2 Re 18:3).

Sofonías significa "YHWH esconde" o "YHWH atesora". Profetizó durante el reinado de Josías (640-609 a.C.), quien emprendió una profunda reforma religiosa Es interesante notar que en los 75 años anteriores a Sofonías (698-626 a.C.), hubo un período de silencio profético. Es posible que esto se debiese a que durante esos años reinaron Manasés (686-642 a.C.) y Amón (462-640 a.C.), reyes controlados por Asiria y de los cuales el libro de los Reyes da el peor juicio (cf. 2 Re 21:1-26). El período de Manasés fue el zenit del poder asirio. Después de la muerte de Asurbanipal en 627 a.C. dicho poder se debilitó, lo que abrió la puerta a las reformas de Josías a partir del 621 a.C. La mayoría de los autores piensan que Sofonías proclamó su mensaje antes de dichas reformas.

La palabra de YHWH "vino" a Sofonías, lo que deja claro que se trata de un don y no de algo que puede aprenderse o conseguirse. La primera parte del libro avisa del juicio y desastre inminentes. La profecía de Sofonías inicia de forma dramática. Dios anuncia que va a barrer todo de la superficie de la tierra, es decir, seres humanos y animales. De una forma parecida a como Habacuc espera el día del Señor que se acerca, Sofonías describe a Dios que viene con poder para vérselas con la gente idólatra e injusta de Jerusalén. Dios está particularmente irritado con los líderes de Judá. En Judea y Jerusalén, el Señor destruirá los últimos vestigios de Baal, incluyendo los sacerdotes de los ídolos, los idólatras que adoran al sol, la luna y las estrellas desde los techos de sus casas, los que adoran a YHWH, pero juran por Milcom, el dios de los amonitas, y a todos los que se han alejado del Señor sin intención de volver.

1:7—2:3 es un oráculo de juicio formado por segmentos menores, que tienen, sin embargo, un tema unificador: "el día del YHWH". Se abre con instrucciones de permanecer en silencio ante el Señor YHWH y la advertencia de que el día de YHWH está cerca. Dios ha preparado un sacrificio y ha consagrado a sus invitados. Para poder ofrecer un sacrificio, los participantes debían estar en estado de pureza ritual, es decir "consagrados". La referencia aquí parece ser a las naciones, a las que Dios invita a participar al sacrificio que va a hacer de Judá y de forma particular de los príncipes, los hijos del rey, los que han adoptado costumbres y religión extranjera, etc. "Saltar el umbral" (la *Biblia de Jerusalén* dice "escalar el umbral") era una práctica religiosa de los sacerdotes filisteos. En los vv. 14-18 aparece una descripción más completa del día de YHWH: será un día de oscuridad, angustia y desgracia. Será un día de guerra, sonido de trompetas y gritos de batalla, masacre, impotencia y muerte. Ni la plata ni el oro podrán salvarlos. Frecuentemente se sobornaba con oro o plata a un enemigo para evitar la destrucción o para hacer una alianza. En 2:3, Sofonías invita a su gente a reunirse y buscar al Señor; sin embargo no les dirige una palabra de consolación, sino que les dice "busquen la justicia, busquen la humildad, quizá encuentren cobijo el día de la ira de Yahvé" (2.3).

Sofonías 2:4-15 contiene cuatro oráculos contra las naciones. Son de extensión y forma desigual. En su mayor parte están escritos en poesía, excepto 2:10-11 que es prosa. En algunas ocasiones es el profeta el que habla y en otras YHWH e, incluso, Asiria una vez (2:15). El primer oráculo (2:4-7) está dirigido contra Filistea. Aunque solo menciona explícitamente ciudades de la costa, al final el Resto de Judá ocupará su territorio (2.7). El segundo contra Moab y Amón (2:8-11), los pueblos al este de Israel que lo injuriaron y se apoderaron de su territorio, pero a quienes un Resto de Judá desheredará. El tercero (2:12) es el más breve y anuncia la espada contra los etíopes. El oráculo contra Asiria es el último de la serie (2:13-15).

Sofonías inicia el capítulo tres con un oráculo de juicio cuya primera palabra es "¡Ay". El destinatario es una ciudad, posiblemente Jerusalén, a la que acusa de ser rebelde, impura y opresora. El v. 3 explica en qué consiste su rebeldía: no ha escuchado a YHWH y no ha aceptado su corrección. El v. 4 habla de la opresión ejercida por los príncipes. El v. 5 deja claro que la impureza procede de la fanfarronería de los profetas y la profanación de los sacerdotes. La referencia a los profetas y sacerdotes, así como a la Torah (Ley), es lo que hace pensar que se trata de Jerusalén y no de Nínive. En neto contraste con la infidelidad del pueblo, la fidelidad de YHWH es como la salida del sol, que nunca falla.

Día 5: Juicio sobre las naciones (Sofonías 3:6-20)

Los vv. 6-8 proclaman un oráculo de juicio en el que se distingue un progreso en el discurso: primero hay un recordatorio de cómo Dios ha actuado en la historia para juzgar a las naciones en el Éxodo y la conquista. En segundo lugar, YHWH espera que en el presente Jerusalén, recordando pasadas experiencias, tome nota de lo que sucede cuando se actúa mal y acepte la corrección sin perder de vista lo que Dios ha traído sobre ella (vv. 6-7). En tercer lugar, Dios espera que Jerusalén aprenda del pasado y obedezca su autoridad y guía para no tener que sufrir castigos más fuertes. YHWH observa, sin embargo, que los habitantes de Jerusalén han realizado sus acciones corruptas con más entusiasmo que antes. Por último, está la decisión del Señor de reunir a las naciones, quizá incluyendo a Israel o Judá, y derramar su furor sobre todo el mundo (v. 8).

Después de los cinco oráculos de condena, los vv. 9-13 constituyen una promesa de salvación tanto para los pueblos (vv. 9-10) como para Israel (vv.

11-13). En los dos casos, Dios se dirige a Israel. En los vv. 9-10 le dice que las lenguas de los pueblos serán purificadas (se habían corrompido en Gn 11, la torre de Babel). Podrán invocar el nombre del Señor y darle culto como un solo pueblo. Desde lejos (Cush es Etiopía) vendrán a ofrecer sacrificios a YHWH. Israel mismo será purificado por Dios. La ciudad y sus habitantes no se avergonzarán de su conducta, pues YHWH habrá arrancado a los malvados de su seno (v. 11). La población que quedará en Jerusalén será "humilde y pobre" (v. 12), el Resto del pueblo que se comporta con integridad y que ha obedecido a Dios. Su seguridad estará en Dios y gozarán paz duradera (v. 13).

El libro de Sofonías concluye con un anuncio de salvación que se abre con una invitación a la alegría y el gozo (3:14-20). Algunos autores han notado que tiene parecido con los Salmos que se cantaban con motivo de la entronización de un nuevo rey (cf. Sal 47, 95, 97). Todos estos textos contienen una invitación a cantar la victoria sobre los enemigos y la presencia de YHWH como rey en medio del pueblo.

El motivo para la alegría es que Dios ha anulado la sentencia de castigo, ha alejado al enemigo y ahora habita en medio de ellos. La frase "aquel día" es escatológica, es decir, se refiere al final de los tiempos, a un nuevo día para Jerusalén. La ciudad y sus habitantes no experimentarán ya más el "día del Señor" como día de ira (1:2—2:3). La frase "no temas, Sion" (3:16) es una típica fórmula que anuncia noticias tranquilizadoras (cf. Gn 15:1; 21:17; Éx 20:20; Is 7:4; 35:4, etc.). Estos versículos presagian ya el final del exilio y la vuelta de los judíos a su tierra. Dios vive en Jerusalén, en medio de sus habitantes (v. 17), eso constituye ya una razón para alegrarse y festejar. La ciudad y el pueblo purificado serán renovados y transformados por el amor de YHWH (vv. 17-18). Jerusalén recibe la seguridad de que Dios se ocupará de todos sus opresores (v. 19a). Los vv. 19b-20 son motivo de gozo. Con unas relaciones purificadas y renovadas, Dios los reunirá, los traerá a casa y los restaurará, dándoles honor y fama entre todos los pueblos de la tierra (v. 20).

Como todos los profetas, Sofonías termina su proclamación con una palabra de esperanza. Dios no quiere la muerte del pecador, sino que se convierta y viva, y para eso es importante que no pierda la esperanza.

Lectio divina

Pase de 8 a 10 minutos en contemplación silenciosa del siguiente pasaje:

En el libro de Sofonías, el Señor se muestra cansado de sacar siempre de apuros al pueblo de Judá. Esta vez permite que otras naciones más poderosas lo invadan, acaben con parte de su población, envíen a otros al exilio y arrasen la tierra. Permitió esto para que el pueblo aprendiera la lección y permaneciera fiel a la Alianza. Tras la devastación, el Señor redimió al pueblo expresando así su esperanza: "ella al menos me temerá, sabrá aceptar mi corrección" (3:7). Mucha gente experimenta más intensamente la cercanía del Señor en la oración cuando sus vidas atraviesan por momentos especialmente difíciles (dolor, rechazo, miedo, enfermedad...)

✠ ¿Qué puedo aprender de este pasaje?

Preguntas de repaso

1. ¿Cómo responde el Señor a las quejas de Habacuc?
2. ¿De qué manera la oración de Habacuc alaba al Señor y proclama su confianza en él?
3. ¿Cuál consideras que es el peor castigo del Señor contra Judá en el libro de Sofonías?
4. ¿Cuál consideras que es el peor castigo del Señor contra las naciones en el libro de Sofonías?

Libros de Ageo y Zacarías (I)

AGEO Y ZACARÍAS 1—8

Porque hay simiente de paz: la vid dará su fruto, la tierra dará sus productos y los cielos darán su rocío (Zacarías 8:12).

Oración inicial (ver página 14)

Contexto

Parte 1: Ageo. Este libro habla de un tiempo alrededor de diez años después de la vuelta de los judíos del exilio de Babilonia, cuando Darío I era rey de Persia (522-546 a.C.). Después de volver en el 538 a.C., las gentes de Judá comenzaron la reconstrucción del templo de Jerusalén, pero enseguida surgieron problemas y no pudieron reanudar las obras hasta el reinado de Darío I que les autorizó a continuar. YHWH les pide que reflexionen sobre la situación en la que se encuentran, trabajando mucho para conseguir muy pocos resultados y que reconozcan la razón: su templo está en ruinas. Volverán a ser bendecidos, cuando reconstruyan la casa del Señor.

Parte 2: Zacarías 1—8. En el libro de Zacarías se distinguen al menos dos secciones claramente diferenciadas por los estudiosos: la del primer autor, más antigua, el "Primer Zacarías" (capítulos 1—8) y una segunda escrita por un profeta posterior o "Segundo Zacarías" (capítulos 9—14). En esta lección estudiaremos al Primer Zacarías, que fue contemporáneo de Ageo. Centra sus profecías en Jerusalén, los líderes de los habitantes de la ciudad y la restauración del Templo que comenzó en 520 a.C. Un editor reunió las profecías y reformas del

Primer Zacarías.

En los capítulos 1—8, Zacarías recibe visiones de un ángel que le trae mensajes del Señor en cada una de ellas. En la primera visión, cuatro jinetes patrullan la tierra para evaluar la situación. En la segunda, cuatro cuernos, que representan a las cuatro potencias o reinos que Israel va a enfrentar y el castigo que Dios les depara. En la tercera, aparece un hombre con una cuerda de medir, como un topógrafo que mide Jerusalén a lo ancho y a lo largo. Josué se convierte en el sumo sacerdote especialmente escogido y el Señor promete reestablecer el linaje davídico. En la cuarta visión, YHWH promete a Zorobabel que terminaría la restauración del Templo que había iniciado. En la quinta visión, el Señor manda un largo rollo, maldiciendo a todos los ladrones y a los que juran en falso. En la sexta, los ángeles del Señor reúnen una canasta de maldades para el templo en Babilonia. En la séptima, el Señor envía a cuatro cocheros para que patrullen la tierra y traigan de vuelta las riquezas y a los exiliados a Jerusalén. En la visión final, el Señor habla de la alegría porque el pueblo ha regresado del exilio.

PARTE 1: ESTUDIO EN GRUPO (AGEO 1:1—2:23)

Capítulo 1: Respuesta de los líderes y del pueblo

Pocos libros del Antiguo Testamento, y de la Biblia en general, se inician indicando de una manera tan precisa el tiempo de la actividad del profeta como el libro de Ageo: "El año segundo del rey Darío, el día primero del sexto mes", es decir, a mediados de agosto del 520 a.C. Su ministerio duró solo unos tres meses y medio (hasta el día "vigésimo primero del séptimo mes" [Ag 2:1], que corresponde a primeros de diciembre). La mención de las fechas no parece casual, pues parece indicar que Ageo hizo sus proclamaciones en días festivos, cuando la multitud se reunía para el culto y estaba bien dispuesta a escuchar enseñanzas religiosas. De hecho, el nombre Ageo (hebreo Haggay) se deriva de la palabra hag que significa, festival. Es el único personaje con ese nombre en la Biblia, aunque existen nombres parecidos (cf. Gn 46:16 y 2 Sam 3:4).

Aparte de eso, Ageo y Zacarías están entre los pocos profetas que tienen un libro bajo su nombre y son mencionados en los libros históricos. El libro de Esdras dice de ellos: "El profeta Ageo y el profeta Zacarías, hijo de Idó, empezaron a profetizar a los judíos de Judá y de Jerusalén, en nombre del Dios de Israel que velaba sobre ellos. Con esto, Zorobabel, hijo de Sealtiel, y Josué, hijo de Josadac, se decidieron a reanudar la construcción del templo de Dios en Jerusalén: los profetas de Dios estaban con ellos, apoyándolos" (Esd 5:1-2).

El primer versículo del libro identifica a los principales actores. Darío es Darío I de Persia, que reinó del 522 al 486 a.C. Se trata del mismo rey que sería posteriormente derrotado por los griegos en Maratón en 490 a.C. Fue también famoso por haber organizado administrativamente el imperio persa en satrapías o provincias.

Otro personaje fundamental del libro es Zorobabel, hijo de Sealtiel, gobernador de Judá. Se trata del nieto del rey Jeconías, que fue llevado al exilio por los babilonios. En Crónicas 3:18 se dice que era hijo de Pedayas, pero según Ageo, era hijo del hermano mayor de Pedayas, Sealtiel. No hay solución clara para este problema. Lo que es interesante es que siendo judío lleva un nombre babilonio (significa "semilla de Babilonia"), lo cual indica que la comunidad judía en Babilonia se estaba ya integrando (inculturando).

El sumo sacerdote Josué es un personaje clave, tanto en este libro como en los de Esdras y Zacarías. El prestigio y la autoridad de la que gozaban los sumos sacerdotes se incrementaron considerablemente a la vuelta del exilio, comparada con la etapa pre-exílica. Dado que Ageo menciona en primer lugar a Zorobabel, es probable que en este tiempo todavía fuera más importante el cargo civil (gobernador) que el religioso. Veremos que en la época de Zacarías la figura del gobernador acabará por desaparecer y el sumo sacerdote se convertirá en el líder de la comunidad judía durante el período del segundo Templo.

Aunque Ag 1:1 menciona solo a Zorobabel y Josué, está claro que el mensaje se dirige a todo el pueblo.

El libro contiene cuatro oráculos, cada uno introducido por una fecha. El primer oráculo (1:1-11) reprende al pueblo por haber fracasado en la reconstrucción del Templo y afirma que las desgracias que han padecido han sido consecuencia de dicho fracaso.

Los cimientos para la reconstrucción del Templo se habían comenzado a poner en el 536 a.C., pero el rey Artajerjes de Persia detuvo los trabajos porque algunos opositores de los judíos lo convencieron de que el Templo y la ciudad podrían ser utilizados como fortificación en una eventual rebelión contra Persia.

Años más tarde Darío permitió que se reanudaran las labores (cf. Esd 4-6).

El profeta, hablando en nombre de YHWH, cita la objeción del pueblo de que no es el tiempo de reedificar el Templo (v. 3) y les echa en cara con una pregunta sarcástica si les ha llegado en cambio el tiempo para construirse finas casas (v. 4). Enseguida les exhorta a que reflexionen en su propia experiencia. Es interesante notar que el profeta trata de hacer razonar a la gente. La sabiduría antigua se basaba en la presuposición de que hay una conexión lógica entre acto y consecuencia. El pueblo ha actuado de un cierto modo, atendiendo a sus propias necesidades e ignorando la reconstrucción del Templo. Se supone que hacen esto porque están preocupados por su bienestar y piensan que pueden obtener resultados positivos de este modo. Ageo les invita a que consideren lo que han conseguido. La escena que describe es la de gente que apenas puede sobrevivir en medio de difíciles circunstancias (vv. 5-6). Además, la situación se ve agravada por la sequía, que afecta al ganado y la cosecha (vv. 10-11). El problema no radica en su incapacidad o en los insuficientes recursos, la verdadera causa es que han disgustado al Señor por haberse olvidado del Templo.

Los profetas anteriores al exilio a menudo criticaron el culto vacío, el culto que no iba acompañado por una conducta acorde con la Ley de Dios. Según Oseas y Elías la sequía y escasez cayeron sobre Israel a causa de la idolatría, por haber adorado a los baales en vez de a YHWH, el verdadero Dios. En el caso de Ageo el problema no es la idolatría, sino el descuido y abandono del culto, pero la lógica es la misma; YHWH es la fuente de la prosperidad y cuando el pueblo lo abandona, él retiene sus bendiciones. La visión de Ageo quizá parezca simplista, pero recuerda a sus contemporáneos lo que significa poner a YHWH verdaderamente en el centro de la propia vida.

La predicación de Ageo surtió efecto y el pueblo, guiado por Zorobabel y Josué, comenzó a trabajar en el Templo antes de que pasara un mes. La presencia misma de un profeta infundió el temor de YHWH en el pueblo. Ageo, presentado de nuevo como mensajero del Señor, les asegura que YHWH está con ellos. Esta última frase trae a la memoria la frase del nombre dado al niño que menciona Isaías 7:14 Emanuel, "Dios con nosotros". La creencia en la presencia y asistencia de Dios era uno de los elementos centrales de la teología desarrollada en torno a la promesa a David, su linaje y el templo de Jerusalén.

Capítulo 2: Garantía de la presencia de Dios

Casi un mes después de que comenzaran los trabajos de reconstrucción, la palabra de YHWH vino otra vez por medio del profeta. Esta vez "el resto del pueblo" (presumiblemente los que habían vuelto del exilio) está incluido entre los destinatarios del oráculo. Se pueden reconocer tres partes:

En primer lugar, el profeta resume el desánimo y decepción de aquellos sobrevivientes que recordaban el esplendor del primer Templo por medio de tres preguntas: ¿Quién vio esta casa (templo) en su antigua gloria? ¿Cómo la ven ahora? ¿No es como si no existiera? (v. 3).

La segunda parte es un oráculo dando ánimo a los líderes y al pueblo, y asegurándoles que YHWH está con ellos. Aunque era más frecuente escuchar de los profetas de Israel reproches y acusaciones que palabras de aliento, este oráculo es distinto, está en la línea de otros que se encuentran en el Antiguo Testamento. La expresión "no temas" es característica de la profecía asiria. Encontramos las mismas palabras en Isaías 7:4 y Joel 2:21-22. Es digno de mención que en los otros casos en que aparece la expresión, suele estar relacionada con el templo de Jerusalén y la presencia de Dios en el mismo, mientras que en Ageo 2:5 lo que se menciona es el Éxodo. Hay dos posibles razones para esto: la primera es que el oráculo es pronunciado en el séptimo mes, que es cuando se celebra la fiesta de las tiendas o "sukkoth", que recordaba el Éxodo (cf. Lv 23:39); la segunda, por la analogía del éxodo de Egipto con la vuelta de Babilonia.

La tercera parte (vv. 6-9) consiste en un anuncio de la gloria venidera del Templo. Le expresión "dentro de muy poco tiempo" reconoce que la transformación no va a suceder inmediatamente. Lo que el profeta hace es darle seguridad al pueblo de que sí sucederá, invitándolo a que sea paciente durante la espera. Él ve un futuro en el que las riquezas de los pueblos serán llevadas a Jerusalén. Es un mensaje muy parecido al que encontramos en el segundo y tercer Isaías (Is 40—55 y 56—66, cf. especialmente Is 60). La finalidad de toda esa riqueza no es el provecho del pueblo, sino llenar de gloria la Casa del Todopoderoso. Ageo predice que la gloria de este templo sobrepasará la del primero. Recordemos que la magnificencia del templo de Salomón era legendaria.

El tercer oráculo fue pronunciado el "día veinticuatro del noveno mes, el año segundo de Darío" (18 de diciembre del 520 a.C.) y contiene dos partes que parecen no tener relación alguna. En la primera (vv. 10-14), de estilo más didáctico, YHWH ordena al profeta preguntar a los sacerdotes dos cuestiones relacionadas con las normas de pureza y santidad. El diálogo con los sacerdotes se convierte en el punto de partida para el verdadero mensaje. Al parecer, lo que Ageo desea aclarar es que, mientras la santidad no se "contagia" a los objetos profanos por contacto, la impureza (cf. el estudio sobre el Levítico) sí lo hace. El problema es que la conclusión que saca el profeta en el v. 14 no parece seguirse lógicamente de lo dicho. No se nos dice qué es lo que la gente hace que convierte sus ofrendas y trabajos en impuros para el culto. Es difícil entender este pasaje porque no es muy específico, pero el profeta parece querer explicar que la razón por la cual sus profecías anteriores no se han cumplido es porque las ofrendas del pueblo están contaminadas o son impuras, es decir, no son apropiadas o dignas de ser ofrecidas. No dice, sin embargo, por qué exactamente son impuras. Es posible también que el mensaje de Ageo sea que la sola reconstrucción del Templo no santifica al pueblo si continúa sin cambiar su conducta.

La segunda parte del oráculo (vv. 15-19) es una promesa de que las bendiciones de Dios van a llegar pronto. No se han cumplido todavía, pero llegarán "a partir de este día" (v. 15). Los vv. 16-17 describen la situación del pueblo antes de que comenzaran a construir el Templo; los vv. 18-19 son el anuncio del cambio de situación. Ageo no dice "en aquel día" o "en aquel tiempo", como Jeremías (33:15) o algún otro de los profetas que anunciaban un cumplimiento futuro, escatológico. Los oyentes de Ageo necesitaban una esperanza más inmediata. El profeta usa tres veces la expresión "presten atención" (literalmente, "apliquen su corazón"). La primera invita a reflexionar sobre el pasado (v. 15) antes de empezar la reconstrucción; la segunda y tercera se refieren al futuro (v. 18). Hay que recordar que la exhortación de Ageo comenzó con estas mismas palabras (1:5.7). Su aparición al inicio y al final de la obra dejan claro el propósito del autor: invitar a considerar cómo el lugar que le damos a Dios en nuestra vida condiciona los resultados de la misma.

El oráculo final (2:20-23) es un anuncio de salvación dirigido a Zorobabel y fue pronunciado el mismo día que el anterior. Ageo predice que YHWH va a sacudir los cielos y la tierra. En esos años el Imperio Persa se encontraba en medio de un huracán de cambios políticos y militares, y las noticias de caídas y destrucciones de reinos eran habituales. La referencia a los "carros de guerra volcados junto con sus aurigas (cocheros)" recuerda el Éxodo, cuando YHWH "arrojó caballo y caballero en el mar" (Éx 15:1) y es también una referencia a la liberación de Babilonia, que según el segundo Isaías (43:16-19) fue una reactualización del Éxodo.

Ageo llama a Zorobabel "siervo mío [de YHWH]". Este es un título que puede tener matices distintos dependiendo del contexto, pero se aplica con frecuencia al rey para indicar que es el escogido de YHWH. La metáfora del siervo se completa con la de "anillo de sello". En la antigüedad, los grandes personajes usaban un sello personal con el que firmaban los documentos oficiales. Dicho sello podía ser llevado al cuello como colgante o en forma de anillo. Esta imagen subraya la intimidad y cercanía con YHWH, así como el hecho de que el rey es su representante. En el libro de Jeremías, el Señor, airado por los pecados del abuelo de Zorobabel (Jeconías) le dice que aunque fuera "un sello en mi mano diestra, de allí lo arrancaría" (Jr 24:22). La elección de Zorobabel por parte de YHWH revoca el castigo decretado contra Jeconías y su descendencia. Es posible que esta profecía y el puesto que ocupó alentaran la esperanza de que Zorobabel restablecería la dinastía davídica, sin embargo no sabemos exactamente qué pasó. En breve, Zorobabel desaparecerá de la narración sin dejar rastro.

Aunque las profecías de Ageo no se cumplieron literalmente, fueron eficaces, sin embargo. Consiguió lo que se propuso: el Templo fue reconstruido, hecho muy beneficioso para la comunidad judía de después del exilio.

Preguntas de repaso

1. ¿Por qué el Señor castigó al pueblo por no reconstruir el Templo?
2. ¿Cuál era el papel del gobernador en el pueblo de Judá?
3. ¿Cuál es el valor del mensaje acerca del anillo de sello referido al papel de Zorobabel como gobernador?

Oración final (ver página 15)

Reza la oración final ahora o después de la *Lectio divina*.

Lectio divina (ver página 8)

Relájate y mantén una postura de oración (espalda recta, ojos cerrados, pies apoyados en el suelo). Este ejercicio puede durar cuanto guste, pero en el contexto de este estudio bíblico, de 10 a 20 minutos deberían ser suficientes.

Las meditaciones que siguen se ofrecen para ayudar a los participantes a usar esta forma de oración, pero hay que considerar que la Lectio está pensada para conducirlo a uno a un ambiente de contemplación orante donde la Palabra de Dios habla desde el corazón a quien la escucha (ver a la página 8 para más instrucciones).

Respuesta de los líderes y del pueblo (1)

El Señor no necesita nuestra alabanza, pero la aprecia y se gloría en ella. El libro de Ageo, como otros libros de la Biblia, subraya la satisfacción que encuentra el Señor en recibir alabanzas de los seres humanos. En el Evangelio de Lucas leemos que Jesús, imagen del Dios invisible, manifestó su decepción cuando solo uno de diez leprosos sanados regresó para manifestarle su gratitud. Jesús preguntó: "dónde están los otros nueve" (Lc 17:17).

En el libro de Ageo, el Señor bendice a los judíos cuando construyen el Templo. Él aprecia nuestros dones cuando nos volvemos hacia él en oración, amor, alabanza o acción de gracias. Por extraño que parezca, podemos hacer algo que Dios no puede, pero es verdad: solo nosotros podemos decidir ofrecerle sincera y libremente nuestro amor y nuestra gratitud. Si Dios nos forzara a hacerlo, no tendría el mismo valor, porque no sería un acto libre.

✠ ¿Qué puedo aprender de este pasaje?

Garantía de la presencia de Dios (2)

Cuando Jesús dijo a sus seguidores que eran la luz del mundo, entendía que los demás reconocerían en ellos a sus discípulos (cf. Mt 5:14-16). El Señor llama a Zorobabel su anillo de sello. Dicho anillo es como una luz que apunta a su dueño. Al denominar de esta manera a Zorobabel, Dios está diciendo que él es una luz para el mundo y que glorifica a Dios con su vida. En este sentido, todos los cristianos que viven de acuerdo con la ley de Cristo son como un sello de la presencia del Señor en el mundo. Son la luz del mundo.

✠ ¿Qué puedo aprender de este pasaje?

PARTE 2: ESTUDIO INDIVIDUAL (ZACARÍAS 1—8)

El libro de Zacarías es uno de los más extensos de la colección de los doce profetas menores y también quizá el más complejo. Aunque el profeta Zacarías es mencionado juntamente con Ageo en Esdras 5:1 y 6:14, menos de la mitad del material del libro se puede atribuir a dicho profeta. Es sorprendente que en un libro relativamente corto (14 capítulos), los estudiosos lleguen a distinguir hasta 3 autores distintos: Proto-Zacarías (1—8), Deutero-Zacarías (9—11) y Trito-Zacarías (12—14). No solo eso, dentro de los primeros 8 capítulos se encuentran textos como 1:1-6 y los cc. 7-8 que son considerados posteriores al profeta. El origen de los oráculos de los capítulos 9—14 es oscuro y son de los textos más difíciles de entender de todo el Antiguo Testamento.

Día 1: Las tres primeras visiones (Zacarías 1—2)

La primera parte del libro está formada por ocho visiones y 3 oráculos. El primer oráculo separa las tres primeras visiones del resto. Las tres primeras visiones son: 1:9-17; 2:1-3; 2:5-9. Nótese que la división entre los capítulos 1 y 2 es diferente en algunas biblias. Zacarías 2:1-4 en el texto hebreo y en la *Biblia de Jerusalén* aparece como 1:18-21 y, consecuentemente, la numeración del resto del capítulo 2 cambia.

Las visiones de Zacarías se distinguen porque hay un ángel que las interpreta. En los libros proféticos anteriores que narran visiones (cf. Am 7—8), el profeta habla directamente con Dios. El ángel intérprete se volverá una característica normal en las visiones apocalípticas (cf. Daniel 7—8). La función literaria de este ángel es la de subrayar la separación entre Dios y los seres humanos, y con ello su santidad. Otra característica de las visiones de Zacarías es que están encuadradas por sermones (1:1-6 y capítulos 7—8) que recuerdan el lenguaje y los temas de los escritos deuteronomísticos.

El contexto histórico del Proto-Zacarías es el mismo del libro de Ageo. Zacarías 1:1 coloca la fecha del inicio de su ministerio en el octavo mes del año segundo de Darío (octubre-noviembre del 520 a.C.), es decir, después del segundo oráculo de Ageo, pero antes del tercero y el cuarto. El libro menciona otra vez el año segundo (1:7) y el cuarto (7:1) de Darío, y contiene otras visiones sin fecha. Los estudiosos consideran que toda su actividad fue ejercida entre los años segundo y cuarto de Darío (520-516 a.C.).

Zacarías parece más interesado en el estatus de Zorobabel y Josué que en la reconstrucción del Templo.

El profeta es identificado como "hijo de Berequías, hijo de Idó", mientras que en Esdras 5:1 y 6:14 se dice solo que es "hijo de Idó". La palabra "hijo" es usada con frecuencia para indicar "descendiente", "heredero" o "sucesor" en general y no necesariamente hijo directo. Un tal Idó aparece también en la lista de sacerdotes que volvieron del exilio con Zorobabel y Josué en Nehemías 12:1-7, lo cual parece conectar a Zacarías con el sacerdocio, así como con el "resto" que volvió del exilio. El nombre del profeta significa "YHWH ha recordado" y es sumamente apropiado para un profeta de la restauración después del exilio.

El oráculo que abre el libro tiene un sabor deuteronomístico: "Vuélvanse a mí y yo me volveré a ustedes". Recordemos que la teología deuteronomística insistía en que el pueblo era el responsable de sus desgracias y mantenía que los profetas habían advertido al pueblo de parte del Señor de los riesgos que les asechaban, pero no los habían escuchado. Al invitar a la conversión, el profeta pide que se acepte la propia responsabilidad en lo acaecido (v. 4-5). Una preocupación importante en este texto es también insistir en la justicia de Dios, no obstante las apariencias en contra (v. 6).

También se le da una fecha a la serie de visiones que comienza en 1:7; no se darán otras hasta 7:1. La primera visión (1:7-17) tiene lugar de noche, aunque no se dice que sea un sueño. En el libro del Génesis vemos varias revelaciones hechas a los profetas por medio de sueños, pero puede que Zacarías las califique de "visiones" en lugar de "sueño", porque estos últimos habían sido desacreditados por Jeremías como característicos de los falsos profetas (cf. Jr 23:25-28). Zacarías ve un grupo de cuatro caballos de distintos colores con sus jinetes, a los que Dios ha enviado a patrullar la tierra. Los colores no parecen tener significado simbólico, como sucede en otros textos. El número cuatro, en cambio, representa los cuatro puntos cardinales, lo que indica que YHWH supervisa toda la tierra. Los jinetes reportan que toda la tierra está tranquila. En el tiempo de Zacarías la tierra de Judá estaba "tranquila", pero no se trataba de la verdadera paz ni de la restauración completa. Por eso, el ángel pregunta a Dios hasta cuándo seguirá sin apiadarse de Jerusalén. La expresión "hasta cuándo" se encuentra con frecuencia en los salmos de lamentación (cf. Sal 79:5; 80:5; 90:13). Según la interpretación del profeta, la desolación de la ciudad es causada por la ira de YHWH. Los setenta años mencionados pueden ser una referencia a la profecía de Jeremías (29:10), que anunciaba el regreso a la tierra solo después de 70 años. Cuando volvieron los primeros exiliados (539 a.C.), aún no se cumplía dicho plazo, pero sí estaba cerca de cumplirse en tiempo de Zacarías. Está claro que el profeta no consideraba el retorno inicial de los exiliados como un cumplimiento de la profecía de Jeremías. Por otro lado, los 70 años tienen también un valor simbólico, indicando el lapso de una vida humana. El valor de este texto está en que sugiere que el tiempo se ha cumplido. YHWH responde con palabras de consuelo.

El ángel manda a Zacarías proclamar de parte de YHWH que este "siente celos por Jerusalén y por Sion, unos celos terribles" (v. 14). Dichos celos lo han hecho encolerizarse contra las naciones porque cuando estas lo vieron "un poco enojado" contra su pueblo, se aprovecharon de la invasión de Babilonia para dañarlos más. Algunas de esas naciones saquearon Judá cuando estaba seriamente dañado e indefenso después de la conquista babilonia. YHWH estaba solo "un poco" enojado y quería un castigo ligero para Judá a manos del enemigo, pero las invasiones fueron mucho más destructivas.

El Señor se vuelve con piedad hacia Jerusalén. El elemento clave para la restauración que aún tenía que llegar era la reconstrucción del Templo. Sin ello no se podía afirmar que YHWH había escogido de nuevo Jerusalén para habitar en ella. La cuerda de medir se aplica a la ciudad con el propósito de reconstruirla. El oráculo se cierra con la promesa precisamente de que YHWH escogerá de nuevo a Jerusalén.

En la segunda visión (2:1-4), Zacarías ve cuatro cuernos. El ángel le dice que son los cuernos que dispersaron a Judá y a Jerusalén. El cuerno era un símbolo de poder y de fuerza. El número cuatro no parece referirse a naciones específicas, sino más bien indica que los enemigos de Judá provienen de los cuatro puntos cardinales. Después de los cuernos, el profeta ve cuatro herreros, que han venido a abatir los cuatro cuernos. El hecho de que se trate de herreros, implica que los cuernos son de metal, quizá señalando con ello la dureza excesiva del castigo de Judá. Esta visión es la más corta y completa el mensaje de la primera sobre la ira de Dios contra las naciones.

La tercera visión (2:5-19) en sí misma es también breve, pero está completada por oráculos. El profeta ve un hombre con un cordel en la mano, que va a medir Jerusalén a lo largo y a lo ancho. La visión desarrolla la alusión a la cuerda de medir en 1:16. Otro ángel sale al encuentro del primero para decirle al hombre con la cuerda de medir que Jerusalén será reconstruida sin murallas, como ciudad abierta, debido a su gran población y a que Dios será su protección exterior y su gloria interior. Los oráculos que siguen parecen estar formados por cuatro dichos: una exhortación a huir de Babilonia (vv. 10-11); razones para dejar Babilonia (YHWH guarda a Israel como la niña de sus ojos y agita su mano contra las naciones; vv. 12-13); una invitación a la alegría, tanto para los judíos como para los gentiles, porque YHWH viene a habitar con su pueblo, (vv. 14-16); una exhortación al silencio y a la reverencia ante YHWH que se levanta de su morada para cumplir su cometido (v. 17).

Lectio divina

Pase de 8 a 10 minutos en contemplación silenciosa del siguiente pasaje:

Aunque el pueblo de Judá sufrió en la oscuridad del exilio durante cincuenta años, el Señor se mostró misericordioso con la nación e incluso prometió volver a habitar en medio de ellos en Jerusalén. Saber que el Señor estaba en medio de ellos trajo al pueblo gran alegría y esperanza. Los libros proféticos suelen terminar con la promesa de una vida renovada junto al Señor.

En los Evangelios, cuando Jesús habla de su pasión y muerte, siempre hace especial referencia a su resurrección. Va todo unido. La esperanza de la resurrección anima a muchos cristianos que sufren a permanecer fieles al Señor en medio de las adversidades. En las Escrituras, la luz de la esperanza está siempre ahí, al final del túnel.

✠ ¿Qué puedo aprender de este pasaje?

Día 2: Visión profética (Zac 3)

La cuarta visión cubre todo el breve capítulo 3 (vv. 1-10). En ella, el sumo sacerdote Josué comparece ante el ángel del Señor en lo que parece ser un proceso legal, pues a la derecha de Josué se encuentra su acusador o adversario (en hebreo "satán"). No se trata del nombre propio del diablo, como se volvió común después, sino de un título que indica a un fiscal o acusador humano. Esta imagen del "satán" no es exclusiva de Zacarías. En el libro de Job encontramos también a un "satán" o adversario que actúa como acusador o "ministerio público" en el tribunal divino (cf. Job 1:6-12). Después del exilio se comienza a asociar al satán con una figura sobrenatural especial que actúa como enemigo o adversario del género humano.

"El ángel del Señor" aparece con frecuencia ya en el Génesis, donde es difícil distinguirlo de Dios mismo, sin embargo, después del exilio los ángeles cobran paulatinamente mayor importancia. Esto se percibe ya en los dos primeros capítulos de Zacarías, donde aparecen como intérpretes o interlocutores del profeta. El "ángel del Señor" en este capítulo es una figura con autoridad que actúa en nombre de Dios y pide que este reprenda al adversario, preguntado retóricamente si Josué no es acaso un "tizón sacado del fuego". Esta imagen pone de relieve el hecho de que Josué ha sobrevivido al exilio, lo que no es una mera coincidencia para Zacarías (el abuelo de Josué había sido asesinado por Nabucodonosor [cf. 2 Re 25:18-21]).

Toda la escena es una especie de proyección en el cielo de lo que estaba sucediendo en Jerusalén: había quienes acusaban a Josué y lo criticaban. No se nos dice claramente cuál es el contenido de las acusaciones, solo que "estaba vestido con ropas sucias", lo que parece indicar que no estaba libre de culpas, aunque puede referirse también a que vivió la primera parte de su vida en Babilonia, una "tierra impura" (cf. Am 7:17). El cambio de vestidos simboliza el paso de la inmundicia (la situación mundana) al estado de pureza requerido por la santidad de la casa de Dios, que es a donde pertenece el sacerdote (cf. el cambio de vestidos del bautizado o del sacerdote en la ordenación). Algo parecido sucede a Isaías, cuando el ángel purifica sus labios con un carbón encendido (Is 6:5-6). El ángel promete a Josué que si "camina por sus caminos" (vida moral) y "guarda su servicio" (funciones de culto), entonces podrá "gobernar" la casa de Dios y tener acceso al consejo divino.

El oráculo siguiente (vv. 8-10) es de carácter escatológico. El Señor está a punto de traer a su siervo "Germen". Esta última palabra (hebreo tsemaj) tiene connotaciones mesiánicas (cf. Jr 23:5) y representa la realeza del linaje de David, que Dios está aquí prometiendo a Josué. El lenguaje velado está lleno de alusiones comprensibles para quienes conocían las profecías de Isaías 11 y Jeremías 23, pero no es demasiado claro ni evidente —sería imprudente— puesto que todavía estaban bajo el poder de Persia. No se nos dice más sobre el "Germen", pues la atención aquí se centra en el papel de

Josué y sus colaboradores, los cuales son llamados "hombres de presagio", es decir, que la restauración del sacerdocio es un signo de cosas más grandes que van a suceder.

La piedra que YHWH pone delante de Josué ha dado muchos problemas a los comentaristas. Hay dos interpretaciones principales. Algunos piensan que se trata de un adorno de la diadema o mitra del sumo sacerdote con una inscripción (cf. Éx 28:36-38); el problema es que Éxodo habla de una placa de oro. Otros estudiosos la relacionan con la "piedra angular" que está en manos de Zorobabel (Zac 4:10), donde se habla también de los "siete ojos de YHWH". El significado preciso de la piedra no es claro pero es evidente que tiene un valor simbólico especial para la construcción del Templo. Esta segunda posibilidad es la más plausible: se trataría de la piedra angular o de la primera piedra simbólica que es puesta ante Josué, pero que será finalmente colocada en su lugar por Zorobabel. Significa que la culpa de la tierra desaparecerá cuando el Templo sea terminado y los rituales apropiados vuelvan a celebrarse.

Lectio divina

Pase de 8 a 10 minutos en contemplación silenciosa del siguiente pasaje:

Más tarde, en la Sagrada Escritura, el adversario o Satán, se volverá un enemigo de Dios y del bien. En Zacarías la figura del satán todavía representa la antigua idea de que hay que poner a prueba a una persona para que demuestre su valía. No se pretende perjudicar a quien se prueba, solo demostrar que sirve fielmente al Señor. En el libro de la Sabiduría leemos a propósito de quienes están llamados a participar en la gloria del Señor: "Tras pequeñas correcciones, recibirán grandes beneficios, pues Dios los puso a prueba y los halló dignos de sí" (Sb 3:5). Aquellos que permanecieron fieles al Señor han probado que son dignos de participar en su salvación eterna.

✠ ¿Qué puedo aprender de este pasaje?

Día 3: Las tres últimas visiones (Zacarías 4:1—6:15)

La quinta visión (4:1-6a, 10b-14) está compuesta de dos partes divididas por un oráculo (vv. 6b-10a) y sigue el mismo esquema de las tres primeras: el profeta ve objetos, pregunta al ángel que está con él cuál es su significado y finalmente el ángel le responde. En este caso, la interpretación se encuentra después del oráculo. Los estudiosos consideran que el oráculo fue introducido en el texto en un segundo momento, pues interrumpe el oráculo, de hecho algunas traducciones, como la *Biblia de Jerusalén*, han cambiado el orden de los versículos para reflejar esta circunstancia.

En la visión, Zacarías ve un candelabro con siete lámparas y dos olivos, uno a cada lado. El candelabro recuerda al que se encontraba en el tabernáculo (cf. Éx 25:31-40), aunque es más simple. El texto hebreo de la descripción del mismo es de muy difícil interpretación. La más aceptada es que simboliza la presencia de Dios en medio de su pueblo El texto menciona tres veces el número siete en el v. 2, describiendo con ello las lámparas presentes en el candelabro. En 4:10b el ángel dice que "estas siete cosas son los ojos de YHWH". Las "siete cosas" parece referirse a los elementos descritos en el v. 2, aunque la frase "los ojos de YHWH" se encuentra en 3:9 relacionado con la piedra. El texto da la interpretación de las siete lámparas como "los siete ojos de YHWH que recorren la tierra", lo cual indicaría la omnisciencia y omnipresencia de Dios. Existen numerosas referencias a los "ojos de YHWH" en el Antiguo Testamento (cf. Prov 15:3; 34:21; 2 Cro 16:9) con dicho significado.

El profeta pregunta al ángel "¿Qué es esto, Señor mío?". El ángel responde con otra pregunta. Con esta técnica retórica, el autor subraya, por una parte, la importancia de esta visión y del significado de los dos ramos de olivo, y por otro, resalta la incapacidad del profeta para entender la visión. De los dos ramos de olivo dice que son "hijos del aceite" (*Biblia de Jerusalén* versión latinoamericana: "estos son los dos ungidos"), una designación cuyo significado resulta difícil de precisar. El número dos parece apuntar, según los estudiosos, a los dos personajes principales, responsables de la comunidad judía durante ese período: Zorobabel y Josué. De hecho, el ángel anuncia que "están de pie ante el Señor de toda la tierra". La expresión "estar de pie ante" tiene aquí el significado de "estar al servicio de". Resumiendo, el mensaje de la visión parece consistir en la afirmación de que Dios está presente en medio de su pueblo (candelabro) y vela sobre él de forma continua y total (siete ojos o lámparas); Zorobabel y Josué son sus asistentes (los dos olivos).

El oráculo de 4:6b-10a está dirigido únicamente a Zorobabel, que será el referente de la quinta visión. Se trata de unas palabras de YHWH a propósito del Templo y del papel de Zorobabel en su reconstrucción. En realidad, consiste de dos pequeños oráculos (vv. 6b-7 y 8-10a), pero ambos dicen esencialmente lo mismo: en primer lugar, el Templo será terminado (Zorobabel lo comenzó y él lo terminará). En segundo lugar, será el resultado no de las fuerzas humanas, sino del poder del Espíritu de YHWH. La montaña que se aplanará ante Zorobabel se refiere probablemente a la oposición que tuvo que enfrentar o a la división de la comunidad en relación con la reconstrucción. El lenguaje de esta parte recuerda a Isaías (40:4 y 42:16) y al Nuevo Testamento (Mt 17:20; 21:21-22; Mc 11:22-23; Lc 17:6; 1Cor 13:2), donde la idea de mover las montañas que se oponen al Reino de Dios tiene una gran importancia.

El capítulo cinco del libro contiene dos visiones estrechamente unidas. En la sexta visión (vv. 1-4) Zacarías ve un rollo con dos características singulares: es de grandes dimensiones, con proporciones poco comunes (alrededor de cinco metros por diez metros) y llega volando. Más parece un enorme pizarrón que un rollo. El ángel lo interpreta como una maldición que está llegando sobre toda la tierra y que caerá sobre los ladrones y los que toman el nombre de Dios en vano (juran en nombre de YHWH en falso). En el Antiguo Testamento hay evidencia de que las maldiciones se ponían por escrito (cf. Nm 5:23-24; Dt 29:19) porque se consideraba que así tenían una eficacia particular (efecto ritualístico). De hecho, no requiere de instrumentos humanos para que se lleve a cabo, pues entra en las casas de los criminales y los consume. La visión pretende probablemente servir de freno a la delincuencia invocando una intervención sobrenatural. Si la gente creía que una maldición los iba a seguir hasta sus casas, probablemente evitarían hacer el mal.

La séptima visión tiene también tonos ritualísticos, pues parece desarrollarse en el Templo. Al igual que la anterior, tiene que ver con la purificación de la tierra de los pecadores. Si la sexta visión se ocupó de la destrucción de los malvados que estaban dentro de la tierra, la séptima anuncia que la "maldad" (personificada como mujer) es llevada de Judá a Senaar (Babilonia), donde será objeto de adoración. La representación de la maldad como mujer puede deberse a que en hebreo "maldad" pertenece al género femenino o a que Zacarías continúa la tradición de otros profetas para quienes "maldad" se identifica con idolatría y esta es presentada como prostitución. También podría referirse a la "reina del cielo", un ídolo babilonio cuya adoración en Jerusalén después de la destrucción Jeremías condena (Jr 44:17-19).

En el capítulo 6 se narra la octava visión de Zacarías, que consiste en cuatro carros que avanzan entre dos montañas de bronce. Los caballos que tiraban de cada carro eran de diferente color: alazanes (color rojo), negros, blancos y tordos (mezcla de pelos blancos y negros). Las dos montañas parecen representar la morada de Dios. Los carros eran en ese tiempo el medio de transporte habitual de reyes y nobles. Los vientos son los carros de YHWH, símbolo de su soberanía, portadores de sus mensajes al mundo entero. Algunos autores han querido encontrar un significado simbólico en los colores de los caballos, pero el texto hebreo presenta varios problemas: no se sabe a qué colores en realidad corresponden las palabras hebreas y hay seis términos para describir los cuatro colores de los caballos, etc.

Esta última visión termina con una nota de victoria: "Mira, los que salen hacia el norte van a aplacar mi espíritu en el norte" (6:8). En la profecía bíblica "la tierra del norte" es Babilonia. Esta última frase es una afirmación de fe de que el poder de YHWH está activo y presente precisamente en el centro de la potencia mundial del momento.

Tras las visiones se le ordena al profeta una acción de alto valor simbólico, acompañada por un oráculo (6:9-15). Con frecuencia los profetas transmiten sus mensajes no solo con la palabra, sino también con actos. En este caso, la voz del Señor vino al profeta ordenándole tomar metales preciosos de un grupo que había regresado del exilio y hacer coronas. El texto hebreo es de difícil traducción en esta parte, pues habla de "coronas", en plural, pero luego solo menciona claramente a Josué coronado (el resto del versículo está en singular). Algunos autores leen entre líneas en el v. 13 una pista de que tanto Zorobabel como Josué habrían de ser coronados, lo cual sugeriría una diarquía (gobierno de dos). Aunque ha sido mencionado anteriormente como el gobernador, el responsable de la construcción del Templo y al que aparentemente se refiere como "Germen", Zorobabel está totalmente ausente de esta escena de la coronación. El texto como lo tenemos dice que la corona debía ser puesta en la cabeza de Josué como signo del "Germen" (imagen del que traerá la germinación o recuperación) y que debía ser colocada después en el Templo como recuerdo de las promesas de Dios.

El último versículo parece ser una cita incompleta de Deuteronomio 28:1. Ese capítulo del Deuteronomio es el que contiene las bendiciones y maldiciones vinculadas a la alianza. Zacarías quería recordar a sus lectores que las promesas están relacionadas con la Alianza y que esta se basa en la fidelidad de las dos partes. El libro se abrió con una invitación a volver a YHWH (1:1-6) y esta sección se cierra con un recordatorio de que las bendiciones se cumplirán, pero dependen de que ellos respondan como deben a la voz de Dios expresada en la Alianza.

Lectio divina

Pase de 8 a 10 minutos en contemplación silenciosa del siguiente pasaje:

Jesús dijo: "He venido a arrojar un fuego sobre la tierra y ¡cuánto desearía que ya hubiera prendido!" (Lc 12:49). Seríamos felices si viviéramos en un mundo donde todos amasen a Dios y al prójimo como Jesús nos pidió. Este es el fuego que a Jesús le gustaría ver ardiendo en toda la tierra, un fuego de amor. ¡Qué felices seríamos en un mundo ardiente de amor! Dios sería igualmente feliz con una creación así. En el libro de Zacarías, el Señor ha purificado la maldad de Judá y ve el final de la malvada Babilonia. Zacarías habla de ese escenario diciendo que "hace descansar el espíritu del Señor". Debemos amarnos los unos a los otros porque Dios así lo quiere, y porque Dios se regocija en ello.

✠   ¿Qué puedo aprender de este pasaje?

Día 4: Judá y Sion son restaurados (Zac 7:1—8:23)

El año cuarto del rey Darío de Persia, la palabra del Señor vino a Zacarías en el cuarto día del noveno mes (7 de diciembre del 518 a C.). Dado que el Templo estaba siendo ya reconstruido, algunos miembros de la comunidad preguntaron a los sacerdotes del Templo si debían continuar la práctica de la lamentación en el quinto mes como en el pasado. El quinto mes había sido dedicado al duelo porque en ese mes del año 587 a C. el Templo había sido destruido. La pregunta fue dirigida a los sacerdotes porque ellos eran quienes juzgaban lo que concernía a la observancia de los memoriales.

Aunque solo habían preguntado sobre el duelo y la abstinencia en el quinto mes, el Señor les responde hablando del ayuno y del duelo en los meses quinto y séptimo. Estas demostraciones en el séptimo mes habían sido instituidas en memoria de Godolías, gobernador de Judea nombrado por el rey de Babilonia después de la destrucción de Jerusalén. El pueblo de Judá aceptó a Godolías como su líder, pero Ismael, un descendiente de la línea real de la casa de David quería ser rey y lo asesinó en el séptimo mes (cf. 2 Re 25:22-26).

El Señor les pregunta sobre los motivos de su duelo y ayuno en esos meses, si lo hacían por el Señor o por sí mismos. El centro de la pregunta sobre el ayuno es el motivo y la actitud. El ayuno debería ser el signo externo de una actitud interna de humildad y de un corazón vuelto hacia Dios.

La palabra del Señor viene de nuevo a Zacarías urgiéndole que recuerde al pueblo sus pecados pasados y las advertencias que él les había enviado por medio de los antiguos profetas, cuando Jerusalén y sus ciudades vecinas estaban habitadas y se vivía con seguridad. Dios los había instruido para que juzgaran con justicia, mostrándose mutuamente amabilidad y compasión. No debían oprimir a la viuda, al huérfano, al extranjero residente o al pobre, y no debían urdir planes perversos contra los demás.

A pesar de las muchas advertencias de YHWH, la gente de Judá y Jerusalén eligió ignorarlas, le dio la espalda y se cubrió los oídos para no escucharlo. Endurecieron su corazón como diamante y rechazaron la palabra del Señor que habían recibido por medio de los profetas. Esto provocó la furia de YHWH, quien anuncia que los castigará usando sus mismas tácticas. Así como ellos se rehusaron a escucharlo cuando él los llamó, de igual modo los ignorará cuando lo llamen. Como castigo, el Señor los esparcirá en medio de las naciones extranjeras, dejando desolada la tierra de Judá, en otro tiempo tan agradable.

El capítulo 8 comienza con siete oráculos relativos a la restauración de Judá y Sion, seguidos por otros tres sobre la relación de Judá con las otras naciones. Este capítulo inicia simplemente con "Yahvé dirigió la palabra en estos términos" sin mencionar para nada a Zacarías.

El primer oráculo (v. 2) habla de los "celos" de YHWH por Sion, entendiendo con ello la preferencia particular que él tiene por la ciudad y por la gente de Judá. El segundo (v. 3) declara que el Señor ha vuelto a Sion y habitará en Jerusalén, la ciudad fiel. Jerusalén es la montaña del Señor de los ejércitos, la montaña santa, que sirve de referencia para la Ciudad Santa y el Templo. El tercer oráculo (vv. 4-5) habla de una comunidad tranquila y pacífica, declarando que ancianos y ancianas se sentarán de nuevo en las calles de Jerusalén con su bastón en las manos. La alegría volverá a calles y plazas al escuchar de nuevo el ruido de los niños jugando. El profeta sugiere aquí que juzguemos y midamos el progreso y la paz de nuestras comunidades a través de los grupos que parecen los menos productivos: los ancianos y los niños.

El cuarto oráculo (v. 6) habla del poder de YHWH. Incluso si la restauración puede parecer imposible al resto del pueblo, no debe verse como algo imposible para el Señor. El quinto (v. 7-8) habla del plan de Dios para rescatar al pueblo desde donde sale el sol hasta el ocaso, de este a oeste. El Señor los guiará a Jerusalén y ellos serán su pueblo y YHWH será su Dios en fidelidad y justicia.

En el sexto oráculo (vv. 9-13) el Señor dice al pueblo que recobre el ánimo, el mismo pueblo que escuchó las palabras de los profetas cuando se ponían los cimientos del Templo. En el pasado no había salario para los trabajadores, ni sustento para los animales, ni paz, ni seguridad para los viajeros, porque el Señor había puesto a unos contra otros. El Señor no tratará ya al Resto de la misma manera. El oráculo habla de sembrar paz, indicando que el pueblo vivirá con la paz plantada en la tierra, es decir afirmada y segura. La viña producirá su fruto, la tierra su cosecha y el cielo el rocío. El Señor proveerá todo esto para el resto. Así como Judá e Israel fueron en al pasado una maldición entre las naciones, de la misma manera el Señor los salvará ahora para que se vuelvan una bendición. El Señor les dice que no teman, sino que sean fuertes.

En el séptimo oráculo (vv. 14-17) el Señor recuerda el período cuando el pueblo fue castigado porque había irritado al Señor su Dios. Dios no se apiadó entonces, pero ahora planea favorecer a Jerusalén y Judá, y les invita a abandonar el miedo. Deben hablar con verdad unos a otros y hacerse justicia con toda honestidad a las puertas de la ciudad. Se mencionan las puertas de la ciudad porque en las ciudades antiguas este era con frecuencia el único lugar donde había espacio suficiente para reunirse y, además, era el lugar de tránsito y mercado. Cuando tenían una queja para resolver, los ancianos se sentaban a las puertas como jueces. Les prohíbe también tramar los unos contra otros o jurar en falso, pues él verdaderamente odia esas maldades.

En el primero de los oráculos que se ocupan de Judá y las naciones (vv. 18-19) el Señor declara que los meses cuarto, quinto, séptimo y décimo (que eran períodos de luto), serán ocasiones de gozo y alegría, y de alegres festivales para la casa de Judá. El oráculo añade dos períodos de duelo a los ya mencionados en 7:3-5. El cuarto mes conmemoraba la partida a la deportación de los líderes de Judá (cf. 2 Re 25:3-7) y el mes décimo marcaba el inicio del asedio de la ciudad (cf. 2 Re 25:1). Este oráculo responde a la pregunta acerca de la continuación del ayuno y el duelo mientras el Templo era reconstruido (cf. 7:3).

El segundo oráculo (vv. 20-22) declara que gente y habitantes de muchas ciudades vendrán animándose unos a otros a subir a Jerusalén para "aplacar a YHWH y visitar a YHWH Sebaot" (cf. v. 21). Muchos pueblos y naciones poderosas vendrán a Jerusalén a buscar al Señor y pedir su favor. El tercer oráculo (v. 23) dice que por cada judío habrá diez gentes de todas las lenguas de las naciones que tomando su manto pidan ir con ellos, porque han oído que el Señor está con ellos.

Lectio divina

Pase de 8 a 10 minutos en contemplación silenciosa del siguiente pasaje:

Lo imposible se hace posible con el Señor. Judá, arrasada por la embestida de las naciones poderosas, se convierte en la nación más favorecida, foco en el que convergen las naciones y sus riquezas. El Señor lleva a Judá de la desolación a la prosperidad. En el Evangelio de Marcos, Jesús sana a un muchacho endemoniado y dice: "¡Qué es eso de si puedes! ¡Todo es posible para quien cree!" (Mc 9:23). Grandes cosas que parecen imposibles se pueden conseguir cuando hay fe.

✠ ¿Qué puedo aprender de este pasaje?

Libros de Zacarías (II) y Malaquías

ZACARÍAS 9–14 Y MALAQUÍAS

Lo purgaré como se purga la plata, lo refinaré como se refina el oro. Él invocará mi nombre y yo le responderé; diré: «¡Este es mi pueblo!» y él dirá: «¡Yahvé es mi Dios!» (Zac 13:9).

Oración inicial (ver página 14)

Contexto

Parte 1: Zacarías 9:1—11:3. Cuando los editores del Segundo Zacarías dieron forma al texto, usaron numerosos conceptos y expresiones de profetas anteriores para componer una variedad de formas literarias en su escrito. Esta parte del libro contiene parábolas, poemas, narraciones y oráculos introducidos por editores posteriores. El texto busca mantener viva la esperanza del resurgimiento de Jerusalén y del Templo. Los capítulos 9 y 10 hablan de la restauración de la tierra y del pueblo de Judá. Esta primera sección termina con los tres primeros versículos del capítulo 11, preludio de lo que comúnmente se conoce como "la narración del pastor".

Parte 2: Zacarías 11:4—14:21. El Señor ataca a los pastores indignos y malvados, y promete proteger a Judá contra aquellas naciones que la oprimieron antes. Aparte de rechazar a los pastores indignos, el Señor también rechaza a los falsos profetas y promete destruirlos junto con sus ídolos. Al final, los enemigos de Jerusalén serán destruidos y Judá se volverá una nación santa para el Señor.

Malaquías. Después de que el pueblo volvió del exilio, muchos se habían acostumbrado a la situación, ignorando la Ley del Señor y creyendo que no se ganaba nada manteniéndose fieles a él. El Señor condena sus pecados y les advierte que serán destruidos, si no se arrepienten.

PARTE 1: ESTUDIO EN GRUPO (ZACARÍAS 9:1—11:3)

9:1-17 Restauración de la tierra de Israel

Un oráculo del Señor, pronunciado a través de Zacarías, nombra a las naciones que rodean la tierra de Israel clamando contra ellas. Tiro aparece fuerte, rica en plata y oro, tan abundantes como el polvo y lodo de las calles. A pesar de su riqueza y fortaleza, el Señor desheredará a esa nación, devorándola con fuego y echando al mar sus riquezas. Otros pueblos, viendo la destrucción, temblarán de miedo y angustia. El rey de una nación desaparecerá y su tierra quedará desierta.

El orgullo de los filisteos encontrará su fin. El Señor arrancará la idolatría de sus bocas y sus sacrificios de entre sus dientes. Se convertirán en un resto ante el Señor, viviendo como si fueran uno de los clanes de Judá y ya no como una gran nación. Serán como los jebuseos que habitaron Jerusalén antes de que David conquistara la tierra y que fueron finalmente absorbidos por la tribu de Judá. La presencia del Señor en el Templo será como una guarnición puesta contra los invasores. Ahora que el Señor ha presenciado la aflicción del pueblo de Judá, no permitirá más que vuelvan a ser oprimidos. La presencia poderosa del Señor en medio de su pueblo pone en relación el mensaje del Segundo Zacarías con el del Primero.

Dirigiéndose al pueblo con los afectuosos nombres de "Hija de Jerusalén" e "Hija de Sion", el Señor lo invita a gritar de alegría porque su rey está llegando, justo y victorioso, montado humildemente en un burro. El hecho de que el rey llegue montando un burro y no un caballo indica que el rey viene en son de paz y no de guerra, pues los caballos eran usados fundamentalmente para fines bélicos. Este versículo hace uso de un recurso literario típico de la poesía hebrea llamado paralelismo y que sirve para reforzar una imagen ("en un burro, en una cría de burra", v. 9). El texto se refiere a un solo animal, descrito con dos términos similares. En el Evangelio de san Mateo, el autor cita este texto, aplicándolo a Jesús que entra triunfalmente a Jerusalén, pero interpreta las dos palabras como refiriéndose a dos animales distintos: "Digan a la hija de Sion: He aquí que tu Rey viene a ti, manso y montado en una burra y un burrito, hijo de animal de yugo" (Mt 21:5-7).

El rey que viene en paz no vendrá con un ejército en armas, simbolizado por el carro, el caballo y el arco, sino que proclamará la paz a las naciones. El rey gobernará de mar a mar y desde el río (Éufrates) hasta el confín de la tierra.

La mención de la "sangre de tu alianza" por la cual YHWH librará a los cautivos es una referencia a la sangre de los sacrificios ofrecidos, especialmente a la del que ratificó la Alianza (cf. Éx 24:5-8). YHWH invita a los exiliados a volver a la fortaleza, significando con ello la protección del Señor en Jerusalén. Dios hará a Judá poderoso como su arco, usando a los exiliados de Efraín (el Reino del Norte o Israel) como si fueran sus flechas.

Los hijos de Sion guerrearán contra los griegos ("Yaván"), mientras que el Señor guiará sus flechas, disparadas como relámpagos. Dios sonará el cuerno de carnero (instrumento usado como trompeta) para llamar a la batalla y llegará en una tormenta desde el Sur (la dirección donde se encuentra el Sinaí). El v. 15 es de muy difícil traducción. Muchos lo interpretan como una expresión de una ferocidad sin precedentes por parte de Israel ("devorarán como carne a los honderos, beberán la sangre como vino"); sin embargo hay quienes ven ahí una lectura equivocada del texto, que hablaría de un banquete después de la victoria y se podría traducir como "Comerán y pisotearán las piedras que les lanzaron con la honda. Beberán (vino, no sangre) y estarán llenos, como las cuencas y el altar están llenos de sangre durante el sacrificio".

El Señor los pastoreará como a un rebaño. Serán en la tierra como piedras preciosas que brillan, esplendentes, en una corona. Habrá prosperidad y hermosura, representados por la abundancia de grano y trigo que harán "florecer" (crecer sanos y vigorosos) a los muchachos y muchachas.

10:1—11:3 Bendiciones sobre Judá y Benjamín

El oráculo que se encuentra en 10:1-2 es un oráculo de admonición. El capítulo anterior anunciaba la prosperidad en la tierra, con grandes cosechas, pero para que eso suceda hace falta otra cosa: la lluvia y esa viene de YHWH. Desde la entrada en la tierra, en Israel ha habido una batalla sobre quién es el que da la lluvia, si YHWH o las fuerzas de Baal. El profeta dice al pueblo que le pidan al Señor la lluvia de primavera para que puedan tener granos en los campos, pues él es quien crea los temporales. Los ídolos y adivinos astutos, en cambio, predicen mentiras. Esa es la causa de que el pueblo emigre como ovejas sin pastor. El Señor castigará a los líderes del pueblo que tenían el deber de pastorear al rebaño.

A diferencia de los falsos pastores, el Señor de los ejércitos cuidará el rebaño, la casa de Judá, haciendo de ellos como un espléndido caballo en batalla. De Judá saldrá todo lo necesario para la batalla: una torre, estacas para fijar las tiendas, arcos y flechas, y oficiales. Marchando todos a una, el pueblo de Judá será como un ejército de guerreros que pisan el lodo de las calles en la batalla, haciendo la guerra en compañía del Señor y creando confusión entre los jinetes enemigos. Dios salvará a la casa de Judá (Reino del Sur) y a la casa de José (Reino de Norte).

El Señor los invitará con profunda compasión a que vuelvan a él y cambien de vida, como si no hubieran sido nunca rechazados. El pueblo de Efraín (Reino del Norte), que había sido derrotado en el pasado, será como un héroe, su corazón alegre como enriquecido con vino, bendecido con hijos que se alegrarán y exultarán en el Señor. Serán un solo pueblo con Judá. Como un pastor, el Señor silbará y reunirá a los israelitas, redimiéndolos y haciéndolos tan numerosos como lo habían sido antes. El Señor, como un campesino, los plantó entre las naciones, donde ellos permanecerán fieles a él, darán a luz hijos, para luego volver a su patria.

Durante la invasión de los babilonios, un gran número de los habitantes de Judá huyó a Egipto, donde se estableció. Muchos de los israelitas del Reino del Norte fueron obligados a ir a Asiria exiliados. Egipto y Asiria apoyaron en batalla a Israel en algún momento, pero al final se convirtieron en sus opresores. El Señor traerá de vuelta a los israelitas a la Tierra Prometida. Se asentarán en Líbano y Guilead, dos regiones originalmente pertenecientes a la Tierra Prometida y serán tan numerosos que apenas habrá espacio para ellos. YHWH arrasará a Egipto, secará el río Nilo y destruirá a Asiria. El Señor, en cuyo nombre viven, los fortalecerá.

Al inicio del capítulo 11, YHWH exhorta al Líbano a abrir sus puertas para el día del Señor, cuando un fuego devorará sus cedros. Usando una imagen poética, el profeta habla de la destrucción de los cipreses y cedros para referirse a la destrucción de la nación. Los malos pastores de Israel se lamentan por la pérdida de poder y de gloria. Estos "pastores" pueden ser los reyes o los profetas que no cumplieron su misión de pastorear el rebaño, es decir, el pueblo de Israel. Los jóvenes leones (los líderes) rugen por la destrucción del exuberante valle del Jordán.

Preguntas de repaso

1. ¿Cuál es el significado del mensaje de Zacarías acerca de un rey que vendrá a la gente de Jerusalén montado en un burro? ¿Cómo se aplica este mensaje en el Evangelio de Mateo?
2. ¿Quiénes son los líderes del pueblo y por qué está disgustado el Señor con ellos?
3. ¿Por qué el Señor está tan preocupado por Efraín?

Oración final (ver página 15)

Reza la oración final ahora o después de la *Lectio divina*.

Lectio divina (ver página 8)

Relájate y mantén una postura de oración (espalda recta, ojos cerrados, pies apoyados en el suelo). Este ejercicio puede durar cuanto guste, pero en el contexto de este estudio bíblico, de 10 a 20 minutos deberían ser suficientes.

Las meditaciones que siguen se ofrecen para ayudar a los participantes a usar esta forma de oración, pero hay que considerar que la Lectio está pensada para conducirlo a uno a un ambiente de contemplación orante donde la Palabra de Dios habla desde el corazón a quien la escucha. (ver a la página 8 para más instrucciones)

Restauración de la tierra de Israel (9:1-17)

El Señor nos recuerda que las conquistas no requieren necesariamente un ejército poderoso, sino un espíritu de dedicación humilde a la propia misión. En este pasaje, Dios habla de un gran rey que viene cabalgando un humilde asno en lugar de un magnífico caballo preparado para la batalla (9:9). Mateo cita este texto al describir la entrada triunfal de Jesús, el rey de paz, montando un humilde asno (cf. Mt 21:5). Con frecuencia, el Nuevo Testamento retrata la humildad y mansedumbre como armas poderosas. Jesús, que es Dios, vino al mundo como un humilde ser humano, fue capturado, flagelado y crucificado, y sin embargo cambió la dirección de la historia. Pablo, el apóstol de los paganos, se gloría en su debilidad diciendo: "Por eso me complazco en mis flaquezas, en las injurias, en las necesidades, en las persecuciones y las angustias sufridas por Cristo; pues, cuando estoy débil, entonces es cuando soy fuerte" (2 Cor 12:10). El ejemplo de aceptación del sufrimiento que nos dan Jesús y Pablo nos enseña el poder del mismo para cambiar el mundo.

✠ ¿Qué puedo aprender de este pasaje?

Bendiciones sobre Judá y Efraín (10:1—11:3)

El Señor prometió bendecir a la gente de Judá con abundancia de grano y vino, pero para ello tenían que pedir activamente esos dones. Dios les dice que pidan la lluvia en primavera y, si lo hacen, recibirán las tormentas necesarias para tener una cosecha abundante. El eco de la necesidad de la oración para obtener las bendiciones de Dios resuena a través de los tiempos hasta la época de Jesús, que dijo "Pidan y se les dará; busquen y hallarán; llamen y se les abrirá" (Mt 7:7). La oración es un pilar fundamental de la vida de los fieles. Cuando oramos, es posible que Dios no nos dé lo que queremos, pero siempre nos responderá dándonos lo que necesitamos.

✠ ¿Qué puedo aprender de este pasaje?

PARTE 2: ESTUDIO INDIVIDUAL (ZACARÍAS 11:4—14:21)

Día 1: Oráculos acerca de las naciones y de Judá (Zac 11:4—12:14)

El Señor manda a Zacarías apacentar a las ovejas que están destinadas para el matadero. Usando una alegoría, el profeta describe al pueblo como ovejas que son compradas y vendidas a los conquistadores, que pueden matarlas a voluntad sin ser castigados. Quienes las venden se enriquecen, una clara referencia a los corruptos líderes que sacan provecho de traicionar a su gente. El Señor rechazará a los vendedores y a los compradores, entregándolos en poder unos de otros o en poder de sus propios jefes. La opresión asolará la tierra y el Señor no la protegerá.

Zacarías representó la profecía que le dio el Señor aceptando el papel de pastor para los mercaderes, es decir, aquellos que traicionaban al pueblo. Tomó dos bastones, uno con el nombre "Gracia" (se refiere a la alianza mosaica) y el otro "Vínculo" (representa la unión de las tribus pertenecientes a los dos reinos). Él apacentó al rebaño (la nación) y afirma que se deshizo de tres pastores en un mes. No está claro a quién se refiere con esta frase; podría tratarse tanto de reyes malvados como de falsos profetas. Cuando la nación agotó la paciencia de Zacarías y ellos se hartaron de él, se rehusó a seguir siendo su pastor y dejó a los malvados a su suerte sin preocuparse si morían o desaparecían. Añadió, lleno de frustración: "las que queden, que se coman unas a otras" (11:9).

El profeta tomó el bastón llamado "Gracia" y lo partió, indicando así el rompimiento de la alianza que YHWH había hecho con el pueblo al aceptar apacentarlo. Aquellos que se habían estado aprovechando del pueblo entendieron las acciones de Zacarías como un mensaje del Señor. El profeta les pidió su salario y ellos contaron treinta monedas de plata. Según el libro del Éxodo 21:32, ese era el precio que debía pagar el dueño de un buey al dueño de un esclavo que hubiese sido corneado por dicha bestia. Zacarías echó las treinta monedas en el tesoro del Templo como le ordenó el Señor para mostrar el desprecio que el pueblo demostraba por él, pagándole solo el precio de un esclavo herido por todo lo que había hecho.

Zacarías partió en dos el segundo bastón, llamado "Vínculo", rompiendo de esta manera simbólicamente la unidad entre Judá e Israel. Entonces el Señor mandó a Zacarías que apacentara al pueblo, pero esta vez para ser como los malos pastores que engordan comiendo la carne de las ovejas, arrancándoles incluso las uñas sin preocuparse de que algunas de ellas desaparecen, se pierden o necesitan medicina o alimento. El Señor maldecirá al pastor indigno que se olvida del rebaño mandándole una espada para que lo hiera en el brazo o en el ojo dejándolo manco o ciego.

El capítulo 12 comienza con un oráculo del Señor que habla de la protección que él da a su pueblo. El Todopoderoso que extiende los cielos, coloca los cimientos de la tierra y forma el espíritu humano, revela la protección que ha dado a Jerusalén y Judá. Él convertirá a Jerusalén en una copa llena de vértigo para todas las naciones de los alrededores. La imagen expresa que será como una copa de licor que hará a las naciones tropezarse como borrachos. Judá y Jerusalén podrán ser invadidas, pero están protegidas. Él hará que la ciudad sea como una piedra pesada; los que quieran levantarla quedarán desgarrados, incluso si todos los invasores se congregan contra ella para asediarla.

El Señor declara que en aquel día, él vigilará sobre el pueblo de Judá, haciendo que se espanten los caballos y enloquezcan los jinetes enemigos, y herirá a todos los pueblos de ceguera. El pueblo de Judá alabará la fuerza del Señor presente en los habitantes de Jerusalén. Los clanes de Judá serán como braseros en la foresta y como antorchas en medio de las gavillas que devorarán a las naciones vecinas, mientras que Jerusalén permanecerá segura.

YHWH expresa su intención de salvar las tiendas de Judá primero, antes que a la misma Jerusalén. Judá estaba todavía destruida, muchos tenían que vivir en tiendas. Salvando primero las tiendas de Judá, el Señor evita la apariencia de favorecer a la casa de David y a Jerusalén por encima de Judá. YHWH protegerá a Jerusalén de tal manera que el más débil tendrá la fuerza de David y la dinastía de David será como Dios, como el ángel del Señor protegiendo al pueblo. Cuando el autor dice que la dinastía de David será como Dios, no está hablando literalmente, sino de forma hiperbólica, indicando que tendrá una fuerza invencible.

El Señor planea destruir en aquel día a todas las naciones que hacen la guerra contra Jerusalén. Dice el texto: "derramaré sobre la dinastía de David y sobre los habitantes de Jerusalén un espíritu de gracia y de oración; y mirarán hacia mí. En cuanto a aquél a quien traspasaron, harán duelo por él como se llora a un hijo único, y le llorarán amargamente como se llora a un primogénito" (12:10). No está claro a quién se refiere con la frase "aquel a quien traspasaron", pero puede referirse a un descendiente de David, un líder de tipo sacerdotal o incluso a un profeta. El autor del Evangelio de Juan aplica el texto a la lanzada que recibió Cristo en el costado después de su muerte (cf. Jn 19:37). Hacer duelo por aquel a quien traspasaron será algo tan terrible como la pérdida de un primogénito, aquel destinado a ser el heredero.

La mención en el v. 11 del "duelo por Hadad Rimón" es obscura. Hay quienes proponen que se trata de una divinidad de la fertilidad; otros piensan que se refiere a un lugar en la llanura de Meguido donde murió el rey Josías (cf. 2 Re 23:29), sobre el cual Jeremías compuso una lamentación y la costumbre continuó hasta los días del autor del Segundo Libro de las Crónicas (35:25). Lo que está claro es que se refiere a una conmemoración de gran impacto en la vida del pueblo. Toda familia en el país se lamentará por aquel a quien traspasaron. La mención de Natán puede ser una referencia a uno de los hijos de David o al profeta de ese nombre. Semei era un nieto de Leví.

Lectio divina

Pase de 8 a 10 minutos en contemplación silenciosa del siguiente pasaje:

Aunque no sabemos exactamente a quién se refiere Zacarías con la frase "aquel a quien traspasaron", la aplicación del texto a la muerte de Jesús nos indica el "sentido más pleno", es decir, el sentido querido por Dios al inspirar este texto y nos ayuda a comprender mejor la misión de Cristo. De la misma manera que el duelo sigue a la muerte del personaje del Antiguo Testamento al que se refiere el texto, igualmente el duelo sigue a la muerte en el Nuevo Testamento cuando el evangelista Juan aplica el texto a Jesús (cf. Jn 19:37). Como cristianos, vemos a Jesús en la cruz y hacemos duelo por las atrocidades que terminaron con su vida en la tierra, pero también esperamos. La salvación se realiza a través de la muerte, resurrección y ascensión de Jesús y su don del Espíritu Santo. Por la resurrección de Cristo, los cristianos vivimos con esperanza, porque creemos que al duelo por su muerte sigue la gloria de la resurrección. Según los profetas, Dios conduce al pueblo a través de la oscuridad del exilio para llevarle a una vida gloriosa en la Tierra Prometida.

✠ ¿Qué puedo aprender de este pasaje?

Día 2: Jerusalén restaurada (Zacarías 13:1—14:21)

El profeta declara que se abrirá una fuente para purificar del pecado y de la impureza a la casa de David y a Jerusalén. Aquel será un día de purificación, cuando ídolos e impurezas sean retirados de la tierra, y si alguien se atreve a profetizar, sus padres lo matarán con la espada por decir mentiras en el nombre de YHWH. El autor habla de los falsos profetas. En aquel día los profetas se avergonzarán a causa de las falsas visiones que han profetizado y no se pondrán el manto de pelo, atuendo característico de los que tienen la misión de profetizar; recordemos que el profeta Elías es descrito como "Un hombre con vestido de pieles y faja de piel ceñida a la cintura" (2 Re 1:8).

Zacarías ordena a los falsos profetas que declaren que no son profetas. Dado que era costumbre de los falsos profetas de Baal lacerarse durante la adoración de los ídolos, se les podía identificar fácilmente por las heridas en su cuerpo. El verdadero profeta del Señor, si tiene heridas, las recibió en casa de un amigo.

Los vv. 7-9 son un breve oráculo en el que encontramos un cambio abrupto. El profeta invoca la espada contra el pastor, presentado como un ayudante del Señor. Como hemos visto, el pastor suele ser un líder o gobernante. En el período después del exilio, un "ayudante" del pastor podría ser el sumo sacerdote, pero no tenemos modo de saberlo con certeza. El oráculo habla de que el pastor será herido, haciendo que las ovejas se dispersen. Este versículo es puesto por Mateo (26:31) en boca de Jesús, cuando predice que los discípulos se van a escandalizar de él esa noche. Con la destrucción del líder, el pueblo quedará desprotegido, viviendo en el caos. El meollo del oráculo es que todo el pueblo será purificado. En Ezequiel 5:1-12 aparece también la espada como una navaja que se usa para dividir al pueblo en tercios. En Ezequiel el último tercio es esparcido al viento (Ez 5:2), mientras que en Zacarías será purgado y refinado. Es con este pueblo renovado que el Señor renovará la Alianza: "diré: «¡Este es mi pueblo!» y él dirá: «¡Yahvé es mi Dios!»" (Zac 13:9).

El último capítulo de Zacarías vuelve al tema de la batalla final por Jerusalén. El evento es identificado con "el día de YHWH que llega", un motivo que ya vimos presente anteriormente en el libro de Joel (cf. Jl 1:15; 2:1). A diferencia de lo que encontramos en Zacarías 12, la ciudad es capturada y saqueada (14:2). El texto está lleno de imágenes apocalípticas. El Señor reunirá a todas las naciones contra Jerusalén. El texto describe las consecuencias comunes de las batallas: la ciudad destruida, mujeres violadas, una buena parte de los habitantes exiliados, aunque un resto queda en la ciudad. Sin embargo, YHWH no ha olvidado ni abandonado a Jerusalén.

Los vv. 3-5 presentan a Dios como un gran guerrero, que entrará en batalla, asentando sus pies firmemente en el Monte de los Olivos. Bajo su peso, el monte se partirá en dos, creando un enorme valle. Las apariciones de YHWH son acompañadas normalmente por convulsiones de la naturaleza. La división del monte permitirá escapar a quienes quedaron atrapados en los otros valles alrededor de Jerusalén. Esta huida es comparada con aquella que sucedió con ocasión del terremoto acaecido en tiempos del rey Ozías, en el siglo VIII a.C., y que se menciona en Amós (1:1). El valle mencionado puede ser también aquí el camino por donde entra el cortejo triunfante de YHWH.

El Señor vendrá "con todos sus santos", una expresión que indica las huestes o ejércitos celestiales, no personas santas. En Deuteronomio 33:2-3 tenemos una descripción clásica de una teofanía con una frase semejante: "Ha venido YHWH del Sinaí... con él las miríadas de sus santos". Estos personajes aparecen con frecuencia en la literatura apocalíptica a partir del siglo II a.C. en adelante (cf. Dn 7:22).

Las imágenes apocalípticas continúan hablando de un tiempo en que habrá un día continuo, sin frío ni hielo, ni sucesión de noche y día, sino solo luz (este último motivo está presente en Apocalipsis 21:25). En verano e invierno agua fresca manará desde Jerusalén, mitad al mar del Este (mar Muerto) y mitad al Oeste (mar Mediterráneo). La presentación de Jerusalén como el manantial de esta agua indica que el Señor es rey sobre toda la tierra. Jerusalén no será ya la ciudad del rey davídico, sino la ciudad donde YHWH es rey. El nombre de YHWH será el único nombre de una divinidad. Toda la tierra, desde la frontera norte (Gueba) hasta la del sur (Rimón) se volverá una llanura y Jerusalén será encumbrada. El territorio de Jerusalén se extenderá sobre un área muy amplia, la cual se describe dando como referencia varios lugares conocidos en el tiempo del autor.

El resto del capítulo trata del destino de las naciones. Los vv. 13-14 describen cómo el pánico se apoderará de los pueblos y pelearán los unos contra otros. El Señor descargará una plaga contra los enemigos de Jerusalén y hará que se pudran su carne, sus ojos y su lengua. Este es el texto de Zacarías que habla más explícitamente de la venganza contra los enemigos de Israel, algo que ya hemos visto presente en otros profetas de después del exilio. La conflicto universal es típico de las catástrofes del final de los tiempos descritas por la literatura apocalíptica (cf. Mc 13:7-8). Se habla incluso de que Judá luchará contra Jerusalén. Algunos estudiosos piensan que es una añadidura posterior, mientras otros proponen que se traduzca "Judá luchará en Jerusalén". El v. 14 habla de las riquezas de las naciones que serán reunidas, pero sin mencionar explícitamente a Jerusalén o Judá, aunque bien podría ser el lugar donde eso sucede.

El libro termina con un final más feliz (vv. 16-21). No todas las naciones serán destruidas completamente, sino que algunas sobrevivirán y subirán a Jerusalén cada año para adorar al Señor como rey y celebrar la fiesta de los Tabernáculos. Sin embargo, la participación será obligatoria. Si alguna familia no sube, no tendrá lluvia (v. 18). Esta amenaza es pronunciada de forma específica contra Egipto. Es interesante notar que los paganos ocupan, ciertamente, un lugar secundario, pero tienen un lugar en el culto de YHWH. Este tema está presente a lo largo del libro (cf. Zac 2:7-9.15; 8:20-23) y coincide con la posición del Tercer Isaías (cf. Is 56:1-8).

Jerusalén será tan santa que no habrá diferencias entre las vasijas usadas normalmente en las casas para cocinar y las vasijas del Templo. Dado que todos los utensilios serán santos, no habrá necesidad de mercaderes que vendan aquellos exclusivos para el Templo. La palabra que se usa aquí para "mercader" originalmente significaba "cananeo", que eran los mercaderes por antonomasia en la antigüedad. Este versículo es especialmente importante como trasfondo de la expulsión de los mercaderes del Templo por parte de Jesús (cf. Mc 11:15-16 y paralelos).

Lectio divina

Pase de 8 a 10 minutos en contemplación silenciosa del siguiente pasaje:

En el Evangelio de Mateo, Jesús cita el libro de Zacarías, previniendo a sus discípulos que su fe iba a ser sacudida, cuando dijo: "Heriré al pastor y se dispersarán las ovejas del rebaño" (Mt 26:31). Jesús es el buen pastor y los discípulos de Jesús son las ovejas. Irónicamente, fue la herida del Buen Pastor lo que llevó a nuestra salvación y dio la capacidad a los cristianos de morir y sufrir por Cristo. El apóstol Pablo escribe: "¡Dios me libre de gloriarme si no es en la cruz de nuestro Señor Jesucristo, por la cual el mundo es para mí un crucificado y yo un crucificado para el mundo!" (Gal 6:14). La aceptación por parte de Jesús del sufrimiento no causó la dispersión del rebaño, sino que lo unió y marcó para siempre la historia del mundo.

✠ ¿Qué puedo aprender de este pasaje?

PARTE 3: ESTUDIO INDIVIDUAL (MALAQUÍAS)

Malaquías

Al parecer los oráculos que forman el libro de Malaquías fueron transmitidos de forma anónima. El libro es introducido como "un oráculo" (cf. Mal 1:1). El nombre Malaquías significa "mi mensajero" y está tomado de Malaquías 3:1, donde no tiene valor de nombre propio sino simbólico: Dios dice que va a enviar a su mensajero. En otras palabras, Malaquías bien pudo ser el nombre de un profeta desconocido o simplemente significar "mi mensajero".

A diferencia del libro de Zacarías, Malaquías es un libro bien ordenado y estructurado que muestra claramente la mano de un solo autor. El texto consiste en seis discursos o discusiones con dos apéndices al final.

El período histórico del libro es incierto, pues no cita ninguna fecha explícitamente y tiene pocas referencias a eventos históricos conocidos. El oráculo inicial (1:2-5) presupone la destrucción de Edom por los babilonios, lo cual sucedió a mediados del siglo VI a.C. La referencia a un "gobernador" (1:8) hace pensar en un contexto persa, porque fueron los que gobernaron Judea por medio de gobernadores después de la caída de la monarquía. La crítica a los sacerdotes (1:6—2:9) presupone que el culto en el Templo para entonces ya se había restablecido. Todos estos datos parecen indicar que el libro pertenece al período después del exilio posterior a Ageo y Zacarías.

La primera disputa o discusión (1:2-5) tiene como tema Israel y Edom, o Jacob y Esaú. Cuando el Señor dice a los descendientes de Jacob "Los he amado", el pueblo pregunta cómo los ha amado. Para la gente de Judá, que vivieron la destrucción de Jerusalén y el exilio, la realidad del amor divino quizá no fuese tan evidente; de hecho, es puesta en duda por muchas personas cuando sufren desgracias o la vida les da un revés. Malaquías trata de dar una respuesta a esta pregunta comparando a Israel y Edom. Jacob y Esaú eran vistos como los antepasados de Israel y Edom, respectivamente. Esaú, como primogénito, tenía el derecho a la bendición paterna y a dos tercios de la herencia, pero fue desplazado en favor de Jacob. La historia de sus relaciones es narrada en Génesis 25—33. Desde ese tiempo, el Señor castigó a Edom, descendientes de Esaú, convirtiendo sus montañas en una región desolada y su territorio en un desierto para bestias salvajes. Dios declara que aunque Edom intente reconstruir su tierra, todo será destruido de nuevo. La nación de Edom será conocida como "territorio de impiedad", un testimonio de la ira duradera del Señor. La descendencia de Jacob, es decir, Israel, verá proclamada la grandeza de YHWH más allá, incluso, del territorio de Israel.

La segunda disputa comprende desde 1:6 a 2:9 y consiste en una crítica a los sacerdotes. Sabiendo que un hijo honra a su padre y un siervo respeta a su señor, Dios pregunta, como padre de la nación, dónde está el honor, la reverencia y el temor que se le deben. Luego se dirige a los sacerdotes, acusándolos de menospreciar su nombre. Ellos preguntan cómo han menospreciado su nombre. La respuesta es que han ofrecido pan impuro en el altar del Señor. Ellos preguntan cuándo ha sucedido eso y Dios les responde que cuando ofrecen un animal defectuoso. Les pregunta si eso no está mal, echándoles implícitamente en cara que deben estar familiarizados con las leyes del Levítico, como la que declara: "No ofrezcan nada defectuoso, pues no les sería bien aceptado" (Lv 22:20). Dios desafía la desfachatez de los sacerdotes, preguntándoles si su gobernador estaría contento si le ofrecieran semejante animal.

En el v. 9 el profeta introduce un comentario urgiendo a la gente a que implore el favor de Dios para que él se apiade de ellos. Se pregunta si el Señor los acogerá agradecido dado que han actuado de una manera tan vil.

Malaquías declara que sería mucho mejor que el Templo estuviera cerrado, pues las ofertas que se hacen son muy indignas (1:10). Malaquías, igual que Ageo y Zacarías, se toma el culto con mucha seriedad. A diferencia de los tiempos en que profetizaba Amós, cuando los israelitas daban excesiva importancia a los sacrificios, hasta caer en un culto vacío, Malaquías, en cambio, enfrenta el problema contrario y acusa a los sacerdotes de su tiempo de no tratar con suficiente respeto los sacrificios y el culto del Señor.

En claro contraste con la ofrenda impura de los sacerdotes de Judá, YHWH declara: "desde la salida del sol hasta su ocaso, grande es mi Nombre entre todas las naciones" (1:11). En todas partes se ofrecen sacrificios de incienso y oblaciones puras. Este versículo forma parte de un razonamiento más amplio. Las virtudes de los paganos se exageran para avergonzar a los judíos. La gente lleva animales defectuosos lamentándose del peso que les suponen las demandas de la Ley, ofendiendo con ello al Señor. Les pregunta si verdaderamente creen que ofrendas así puedan ser aceptables. Por último, maldice a aquellos que hacen voto de ofrecer un macho sano, pero que defraudan ofreciendo uno defectuoso. Les recuerda que él es el Señor, un gran Rey, honrado por las naciones.

El capítulo 2 comienza con una amenaza para los sacerdotes: si no rinden suficiente honor a Dios, él les lanzará una maldición. El contenido de dicha maldición es materia de discusión. El texto griego dice "te quitaré la espalda" (2:3), mientras que en el hebreo se lee "reprenderé/extirparé tu semilla". La diferencia de lectura viene de que las mismas consonantes en hebreo, con diferentes vocales dan términos distintos, cambiando el sentido de la frase. La palabra para "semilla" (zera) puede también traducirse como "espalda/ brazo" (zeroa) y parece que eso hicieron los traductores griegos. El verbo también puede enmendarse en hebreo para leer "extirpar". Así que quedan dos opciones. Con la primera "te quitaré el brazo/espalda" se referiría al derecho que los sacerdotes tenían de quedarse con una parte del sacrificio (cf. Nm 18:8) y querría decir que YHWH les iba a quitar el oficio y el derecho. Con la segunda "extirparé tu semilla" querría decir que los dejaría sin descendencia, acabando de esa manera el linaje sacerdotal.

El estiércol que amenaza untarles en la cara se refiere al contenido intestinal de los animales sacrificados, de ahí que se hable del "estiércol de tus fiestas". Embarrar con ello las caras de los sacerdotes los haría impuros y por tanto inhábiles para el servicio del altar.

De esta manera sabrían que les dirigió la advertencia para que se mantuviera la alianza con Leví. Aunque YHWH hizo una alianza con Pinjás, nieto de Aarón y miembro de la tribu de Leví, en ninguna parte de la Biblia se habla de una alianza con este último. Tal parece que para la época persa existía ya la tradición de que Dios había hecho una alianza con Leví (cf. Jr 33:21 y Neh 13:29). Según este pasaje, dicha alianza era con obligaciones mutuas, trayendo vida y paz a la descendencia de Leví como respuesta a la reverencia mostrada por Leví al Señor. Leví era confiable, sincero, respetuoso, caminaba con el Señor en integridad y justicia, convirtiendo a muchos del mal. Así son —deben ser— los labios de los sacerdotes: conservan el conocimiento de la Ley del Señor e instruyen al pueblo como mensajeros de Dios.

El Señor acusa aquí a los sacerdotes de haberse desviado del camino de Leví, haciendo que muchos tropezaran en sus enseñanzas. Con sus falsas instrucciones han corrompido la alianza de Leví. Por ese motivo el Señor los hace despreciables y pequeños ante el pueblo, pues no observan los mandamientos del Señor, sino que se muestran parciales en su aplicación, favoreciendo a quienes les conviene.

Lectio divina

Pase de 8 a 10 minutos en contemplación silenciosa del siguiente pasaje:

El Señor se mostró magnánimo con el pueblo, dándole cosechas y rebaños abundantes para que tuvieran comida, vestido y cobijo. Desgraciadamente, el pueblo le dio a Dios, en cambio, solo lo que le sobraba. Escogían para las ofrendas los animales defectuosos y se guardaban los sanos para sí. El Señor se irritó y rechazó los sacrificios que el pueblo le ofrecía.

✠ ¿Qué puedo aprender de este pasaje?

Día 3: Matrimonio y divorcio (Malaquías 2:10—3:21)

La tercera disputa (2:10-16) es muy difícil de interpretar (y de las más difíciles en la Biblia hebrea). El versículo inicial parece indicar una división en la comunidad que resulta de "profanar la alianza de nuestros padres". Judá, Jerusalén e Israel han cometido, todos, el abominable acto de rechazar a Dios. Judá profanó el lugar santo de YHWH, desposando a la "hija de un dios extranjero" (2:11). A la vuelta del exilio, muchos trajeron mujeres que adoraban falsos dioses. El profeta presenta a Dios extirpando de la comunidad al hombre que hace tal cosa. El pueblo hace duelo porque el Señor ya no acepta sus ofrendas y preguntan "¿por qué?". El Señor es testigo de la unión entre el hombre y la esposa de su juventud a la que ha traicionado. La esposa es la verdadera compañera, su "esposa de la alianza", es decir la esposa con la que había establecido una alianza. Malaquías afirma que el Señor es quien los ha hecho uno, una carne y un espíritu. De esa unión vendrá una descendencia dada por Dios. El pueblo debe guardar su espíritu y no cometer tal traición. YHWH declara: "Yo detesto el divorcio" (2:16). También expresa odio por la violencia. Una vez más exhorta al pueblo a guardar su espíritu y a no cometer tal traición.

La cuarta disputa (2:17—3:5) comienza con el profeta diciendo al pueblo que ha cansado al Señor. Ellos preguntan "¿En qué lo hemos cansado?". Malaquías responde que cuando afirman que YHWH aprueba al que hace el mal o cuando preguntan "¿dónde está el Dios justo?".

Malaquías 3:1 declara que "en seguida vendrá a su templo el Señor a quien ustedes buscan". Él mismo mandará a su mensajero para que le prepare el camino. No está claro en este pasaje quién es ese mensajero, pero Mateo en su Evangelio aplica este texto a Juan Bautista (cf. Mt 11:10). En 2:7 Malaquías habla de los descendientes de Leví, sacerdotes de Jerusalén, como mensajeros del Señor de los ejércitos. En este pasaje, el mensajero del Señor podría referirse tanto a un ser humano como a un personaje celestial que trae un mensaje de parte del Señor. De hecho el término "mal'ak" se aplica ordinariamente a los ángeles.

Los vv. 2-4 hablan de Dios en tercera persona, casi como comentario a lo que está pasando. Pregunta quién podrá resistir el día de la venida del Señor. Él aparecerá como fuego de fundidor y lejía de lavandero, purificando a los levitas, refinándolos como se hace con el oro o la plata, de manera que puedan llevar ofrendas con justicia al Señor. Cuando eso suceda, las ofrendas de Judá y Jerusalén serán agradables al Señor como lo eran en tiempos antiguos. En el v. 5 el Señor promete de nuevo juicio rápido contra los malvados, mencionando varias categorías de iniquidad de forma específica.

La quinta disputa (3:6-12) tiene un fuerte sabor deuteronomista ("vuélvanse a mí y yo me volveré a ustedes" (3:7; cf. Zac 1:3). El profeta repite la acusación de que el pueblo está estafando a Dios e insiste en demandar que los sacrificios y los diezmos se hagan conforme a la Ley. De forma semejante a Ageo, promete que si las ofrendas se hacen debidamente, las compuertas del cielo se abrirán para bendecirlos. El v. 11 ofrece una breve descripción de las langostas como peligro y amenaza (cf. el libro de Joel). Si cumplen con sus obligaciones no solo prosperarán ellos mismos, sino que las mismas naciones los felicitarán.

La última disputa (3:13-21) retoma la queja que se había mencionado brevemente en 2:17 a propósito del éxito aparente de los malvados y de la falta de recompensa para los que sirven al Señor. La solución de Malaquías es esperar la intervención divina y el juicio divino en el futuro. Este tema no presenta ninguna novedad, pero Malaquías habla de un grupo particular, "los que temen a YHWH" en cuya memoria se escribió un libro en presencia del Señor. Esta es la primera vez que leemos en la Biblia que Dios mantiene un registro de las buenas obras de los seres humanos. Posteriormente, dicho libro jugará un papel muy importante en la descripción del Juicio Final en la literatura apocalíptica (cf. Dn 7:10). Malaquías no está hablando de un juicio después de la muerte. Para él, la finalidad del libro es asegurar que se hará justicia públicamente en la tierra, de forma que todo el mundo pueda ver la diferencia entre los justos y los malvados.

El día del juicio se describe aquí de manera muy parecida a la descripción del día del Señor que llega en 3:1-3. El Señor llegará como un fuego abrasador que consumirá a los malvados como paja, pero será sol que sana para los que temen el nombre de YHWH.

Malaquías concluye con dos breves epílogos editoriales. El primero (3:22) invita al lector a recordar la ley de Moisés. El segundo (3:23-24) es más creativo. Se dice que el Señor va a enviar a Elías antes del día del Señor. Según la tradición, Elías no murió, sino que fue llevado al cielo con caballos y un carro de fuego (cf. 2 Re 2:11). Elías volverá y reconciliará a los padres con los hijos y a los hijos con los padres, como signo de paz y gloria en la tierra. Muchos judíos esperan aún la vuelta de Elías, aceptando de forma literal este pasaje de la Escritura. Varias tradiciones representan esta creencia. Los Evangelios, con excepción de Lucas, identifican a Juan el Bautista como enviado en el espíritu de Elías.

Lectio divina

Pase de 8 a 10 minutos en contemplación silenciosa del siguiente pasaje:
En el Evangelio según san Mateo, Jesús dice que Juan Bautista era Elías: "Y, si quieren admitirlo, él es Elías, el que iba a venir" (Mt 11:14). También dice que Juan es el mensajero enviado a preparar el camino del Señor (cf. Mt 11:9-10). Aunque no sabemos en quién estaba pensando Malaquías cuando pronunció este oráculo, Mateo, bajo inspiración del

Espíritu Santo, hace la conexión con Juan Bautista, mostrando de esa manera la fidelidad del Señor a la Alianza, puesto que ha cumplido su promesa. Malaquías nos dice que el Señor no cambia, es decir, permanece siempre fiel a su Alianza, independientemente de que el pueblo sea fiel a ella o la rompa.

✠   ¿Qué puedo aprender de este pasaje?

Preguntas de repaso

1. ¿Qué dice el Señor acerca de los pastores del pueblo de Judá?
2. ¿Por qué promete el Señor salvar primero a Judá, antes que a Jerusalén?
3. ¿Qué dice el Señor acerca de los falsos profetas?
4. ¿Por qué el Señor permitió que Jerusalén fuera destruida y posteriormente restaurada?

Acerca de los autores

El **P. William A. Anderson, DMin, PhD,** sacerdote de la diócesis de Wheeling-Charleston, Virginia del Oeste, director de retiros y misiones parroquiales,profesor, catequista y director espiritual. También fue párroco. Ha escrito numerosas obras sobre pastoral, temas espirituales y religiosos.

El P. Anderson obtuvo el doctorado en Ministerio por la Universidad y Seminario de Santa María de Baltimore y el doctorado en Teología Sagrada por la Universidad Duquesne de Pittsburgh.

El **P. Rafael M. Ramírez,** es originario de Arandas, Jalisco, México. Fue ordenado el 25 de Noviembre de 1994 en la ciudad de México. Recibió su formación en México, España e Italia. Estudio filosofía en la Pontificia Universidad Gregoriana, teología en el Pontificio Ateneo Regina Apostolorum y Sagradas Escrituras en el Pontificio Instituto Bíblico, donde obtuvo su doctorado en 2008. Realizó también estudios de especialización en la Universidad Hebrea de Jerusalén. Ha enseñado y ejercido su ministerio sacerdotal en México, España, Italia, Suiza y Estados Unidos.

www.ingramcontent.com/pod-product-compliance
Lightning Source LLC
LaVergne TN
LVHW021345080426
835508LV00020B/2110